AI 이후의 예술철학

AI총서

인공지능 시대입니다. 기계가 인간의 인지를 대신하고, 사물이 인간을 통하지 않고 다른 사물과 직접 커뮤니케이션합니다. 이에 따른 인간 삶과 문명 변화를 정확히 이해 · 예측 · 대응하는 것은 이 시대 우리 모두의 과제입니다. AI총서는 인공지능 기술과 환경의 여러 주제를 10가지 키워드로 정리합니다. 관련 개념과 이론, 학계와 산업계의 쟁점, 우리 일상의 변화를 다룹니다. 인간과 기술의 현재, 미래를 세심히 분석합니다.

일러두기

- 인명, 작품명, 저서명, 개념어 등은 한글과 함께 괄호 안에 해당 국가의 원어를 병기했습니다.
- 외래어 표기는 현행 어문규정의 외래어표기법을 따랐습니다. 다만 '포토숍'은 관용을 따랐습니다.

처음이세요?

전문가세요?

AI 이후의 예술철학

맹혜영

대한민국, 서울, 커뮤니케이션북스, 2025

AI 이후의 예술철학

지은이 맹혜영
펴낸이 박영률

초판 1쇄 펴낸날 2025년 11월 28일

커뮤니케이션북스(주)
출판 등록 2007년 8월 17일 제313-2007-000166호
02880 서울시 성북구 성북로 5-11
전화(02) 7474 001, 팩스(02) 736 5047
commbooks@commbooks.com
www.commbooks.com

ISBN 979-11-430-1041-4 03500

책값은 뒤표지에 표시되어 있습니다.

차례

AI 이후의 예술철학

오늘날 우리는 예술을 만드는 존재가 인간만이 아닐 수도 있다는 전례 없는 상황과 마주하고 있다. 예술철학은 오랫동안 인간 고유의 영역으로 간주되어 왔다. 하지만 인공지능, 특히 감성적 교류가 가능한 인공지능 동반자 로봇의 등장은 이러한 전제를 근본적으로 다시 생각하도록 한다. 인간과 비인간, 주체와 객체, 독창성과 알고리즘적 생성의 경계가 흐려지는 지금, 예술철학 또한 새로운 전환의 지점에 서 있다.

인공지능(AI, Artificial Intelligence)은 이제 단순한 도구를 넘어선 존재다. 그것은 새로운 존재 양식을 예고하며, 인간의 인식 · 감각 · 상상력의 경계를 뒤흔드는 타자이자 동반자로 등장하고 있다(이진오, 2024). 생성형 인공지능이 만들어 낸 이미지들이 범람하고 있으며, AI 화가 '아이-다(Ai-Da)'와 같은 인공지능 휴머노이드 로봇은 베니스 비엔날레에 작품을 출품하고, 영국 소더비(Sotheby's) 경매에서 높은 가격으로 판매되기도 한다(이종림, 2024). 우리는 이러한 현실 속에서 "예술이란 무엇인가?", "예술의 주체와 본질은 어떻게 사유되어야 하는가?"라는 질문을 철학적으로 다시 탐구해야 하는 시대에 살고 있다.

이 책은 오랜 시간 예술가로서 창작하고 학생들을 가르쳐 온 경험과 통찰을 담고 있다. 필자는 회화와 현대미술을 통해 인간의 감각, 직관, 존재의 흔적을 꾸준히 탐구해 왔다. 특히 박사 과정에서는 20세기 프랑스 철학자 질 들뢰즈(Gilles Deleuze)의 '감각의 미학(aesthetics of sensation)'과 '선험적 실재론(transcendental realism)'을 한국 분채화의 과정을 통해 재발견하는 연구를 하였으며, 이를 통해 예술과 존재를 바라보는 시야가 한층 확장되었다(Maeng, 2017) . 이후 들뢰즈 철학은 작품 제작 과정뿐 아니라 인공지능이 예술에 제기하는 철학적 질문을 사유하는 데도 중요한 창이 되었다.

최근 몇 년간 인공지능이 생성한 이미지를 아크릴화와 문인화를 포함한 전통적인 회화 작업과 융합하는 실험을 통해, '인간'과 '비인간'이 창작의 주체로 공존할 수 있는 가능성을 탐색했다. 이러한 확장 회화(expanded painting) 작업은 국내외에서 여러 차례 개인전, 대학 강의, 워크숍, 학술 대회, 아티스트 토크 등을 통해 꾸준히 공유하고 있다.

현재 필자는 AI와 변화하는 예술과 철학에 대한 연구를 캘리포니아 주립대학교(California State University)의 '연구 · 학술 · 창작 활동 지원금(RSCA Grant)'을 받아 수행하고 있다. 이러한 연구 덕분에 AI가 창작과 교육 현장에 어떤 영향을 주는지를 더 생생하게 들여다볼 수 있었다. 2025년부터는 캘리포니아 주립대학교 시스템 전체에 도입된 교육용 인공지능 플랫폼 '챗지피티 에듀(ChatGPT Edu)'를 통해 46만 명 이상의 학생과 6만 3000명 이상의 교수진이 생성형 AI를 무료로 활용하고 있다(California State University, 2025). 그러나 역설적으로 이러한 환경에서도 학생들의 AI 활용 능력에는 뚜렷한 격차가 드러나고 있다. 일부 학생은 AI를 능숙하게 활용해 창의적이고 효율적인 과제를 수행하는 반면, 다른 학생은 AI가 예술의 진정성과 비판적 사고를 저해한다고 판단해 사용 자체를 거부하는 경우도 있다.

그렇다면 과연 AI는 학생들의 문해력과 창의력, 비판적 사고력을 약화하는가, 아니면 오히려 새로운 가능성을 제공하는가? 이 책은 바로 이 질문에서 출발한다.

《AI 이후의 예술철학》은 20세기 프랑스 철학자 질 들뢰즈의 철학을 중심으로 인공지능이 예술의 개념과 창작 방식을 어떻게 변화시키고 있는지를 쉽게 풀어 보고자 한다. 단순히 최신 AI 기술을 소개하는 데 그치지 않고, 인공지능이 독립적인 로봇의 신체를 가지고 인간과 함께 살아가는 미래를 상상하며 예술의 본질을 철학적으로 다시 사유해 보려 한다. 언젠가 인간을 닮은 로봇(휴머노이드)이 인간의 개입 없이 스스로 예술을 창조하는 시대가 도래한다면 예술의 의미와 인간 삶은 어떻게 달라질 것인가?

이 책이 궁극적으로 묻고자 하는 질문은 다음과 같다. "우리는 이제 인공지능을 포함한 다양한 비인간 존재들과 어떻게 관계 맺고 살아가야 할 것인가?" 그리고 "그러한 세계 속에서 예술은 어떤 역할을 하게 될 것인가?" 이 물음에 대한 성찰을 독자와 함께 차근차근 펼쳐 나가고자 한다.

전통적으로 예술철학은 예술의 정의, 해석, 평가, 감상, 창의성, 상상력, 미적 판단 등을 다루는 철학의 한 분야이며, 미학(aesthetics)과 긴밀히 연결되면서도 일정한 구분을 갖는다(Carroll, 1999). 서양 예술철학은 고대 그리스의 미메시스(mimesis) 개념에서 출발하여 예술을 자연이나 이상적 형상의 모방으로 간주해 왔다. 플라톤(Plato)은 예술을 이데아(idea)의 불완전한 복제로 보며 비판했지만, 아리스토텔레스(Aristotle)는 미메시스를 통해 인간이 정서적 정화(카타르시스)를 경험한다고 보았다.

19세기 후반에는 모더니즘이 부상하면서 예술을 '표현(expression)'으로 이해하는 이론이 대두되었다. 로빈 조지 콜링우드(Robin George Collingwood)와 존 듀이(John Dewey)는 예술을 단순한 형식이나 재현이 아닌 예술가의 내면 감정과 주관적 경험을 표현하고, 이를 통해 경험의 질적 통일성을 관객과 공유하는 과정으로 이해했다. 이들은 예술의 본질이 작가의 진정한 감정을 드러내는 데 있다고 강조했다.

한편, 클라이브 벨(Clive Bell)과 로저 프라이(Roger Fry) 같은 형식주의(formalism) 미학자들은 예술 작품의 감정 표현이나 서사적 내용보다는 색채 · 구도 · 선 · 질감과 같은 형식적 요소들이 만들어 내는 '미적 감응(aesthetic emotion)'에 주목했다. 이들은 예술의 가치는 이러한 형식 자체의 구조와 조화에서 비롯되며, 작품은 그것이 전달하는 감정보다 형식적 구성의 탁월성으로 평가되어야 한다고 주장했다(Carroll, 1999).

포스트모던 시대로 접어들면서 예술철학은 점차 예술을 둘러싼 사회적 맥락과 제도적 조건을 고려하기 시작했다. 대표적으로 아서 단토(Arthur Danto)는 '예술계

(artworld)' 개념을 제안하며, 예술이 예술로 기능하기 위해서는 특정한 역사적 · 문화적 맥락 속에서 해석되고 수용되어야 한다고 주장했다(Danto, 1997/2004). 조지 디키(George Dickie)는 '제도 이론(institutional theory)'을 통해 예술의 정의를 미술관, 비평가, 전시 제도 등과 같은 사회적 승인 구조에 근거하여 설명했다(Dickie, 1974).

현대 예술철학은 이러한 제도적 접근을 바탕으로 예술의 개념을 하나로 고정하기보다는 복수의 관점과 문화적 조건 속에서 해석하는 방향으로 전개되고 있다. 특히 최근에는 인공지능과 같은 기술적 변화로 인해 창작의 주체, 수용자의 역할, 예술 작품 자체의 정의가 근본적으로 재검토되고 있으며, 새로운 철학적 논의가 활발히 이루어지고 있다(Hullman et al., 2023).

그렇다면 '미'란 무엇인가? 이 질문에 대해 모더니즘의 철학적 기반을 마련한 이마누엘 칸트(Immanuel Kant)는 《판단력 비판》에서 미적 판단을 '무목적적 합목적성'으로 정의하며, 미적 판단은 인간의 인식 능력과 감성의 자유로운 조화를 통해 가능하다고 보았다. 즉, 아름다움은 어떤 실용적 목적이 없더라도 우리의 마음이 조화를 느낄 때 경험되는 감정이라는 것이다. 근대 미학의 체계를 정립한 게오르크 빌헬름 프리드리히 헤겔(Georg Wilhelm Friedrich Hegel)은 예술을 '정신의 자기 인식 과정'으로 간주하며, 역사적 전개 속에서 예술의 형식이 철학적 진리를 드러내는 방식으로 진화한다고 보았다.

20세기 후반에 들뢰즈는 이를 더욱 확장하여 예술 작품을 '감각의 블록(blocs of sensation)'이라 정의했다. 그에 따르면 예술은 개념이나 상징을 전달하는 것이 아니라 감각 자체를 창조하고 보존하는 힘이다(Deleuze & Guattari, 1994). 들뢰즈의 감각의 미학은 언어적 재현이나 고정된 해석보다는 차이, 생성, 운동에 주목하며, 미학을 철저히 비기호적이고 비서사적인 차원으로 이끈다(Sauvagnargues, 2005/2009).

이러한 서양 철학 전통에 더해 이 책은 동양 예술철학의 통찰도 함께 살펴보고자 한다. 동양 예술은 기술이나 재현을 넘어, 자연과의 조화, 내면의 수행, 존재의 방식 자체를 구현하는 실천적 행위로 이해되어 왔다. 특히 한국의 문인화는 사물의 외형적 재현보다 사의성(寫意性), 즉 화가의 내면 세계와 자연의 합일을 통한 정신적 표현을 중시했다(강행원, 2011). 문인화에서 중요한 것은 완성된 외형이나 기법보다 붓끝에 배어든 화가의 수양과 인격적 깊이다.

이러한 동양의 예술관은 고유한 감정론과도 깊이 연결되어 있다. 조선 성리학의 대표적 논쟁인 사단칠정(四端七情) 논의에서 보듯, 동양 철학은 감정을 단순한 개인의 충동이 아니라 인간 본성과 도덕성의 발현으로 이해했다. 사단은 선한 본성에서 비롯된 순수한 마음의 단초로 해석되었고, 칠정은 인간의 일상적 욕망과 감정을 드러내는 자연스러운 표현으로서 상황에 따라 선악으로 전환될 수 있는 잠재성을 지닌 것으로 이해되었다(이상호, 2011). 이러한 감정관은 예술, 특히 문인화의 미학에도 깊이 스며들어 있다.

문인화에서 중시하는 것은 서양 예술에서 흔히 강조되는 즉흥적 감정 표현이나 개성적 자아의 발현과는 명확히 구별된다. 문인화는 화가 개인의 사사로운 감정을 드러내는 것이 아니라 끊임없는 자기 수양과 자연과의 조화를 통해 완성되는 비인격적 인품의 예술을 지향한다(조민환, 2018). 인격이란 고정된 자아가 아니라 관계와 조화를 통해 드러나는 덕성의 실천이며, 예술은 이를 표현하는 통로인 것이다.

이러한 맥락에서 보면 현재의 인공지능 예술은 인간 예술가의 수행성과 인격적 내면성을 구현하지 못하는 명확한 한계를 지닌다. 그러나 동시에 동양 미학의 조화와 생동성의 원리를 기술적으로 탐색하려는 시도는 가능하며, 이는 인간과 AI가 예술의 장에서 새로운 형태의 공존을 모색할 수 있는 하나의 단초가 될 수 있다.

현재 인공지능은 예술의 영역에까지 깊숙이 스며들어 인간 고유의 창작성과 표현의 자리를 공유하려 한다. 우리는 이제 다음과 같은 질문과 마주하게 된다. 과연 인공지능이 만든 이미지를 예술이라 부를 수 있는가? 인간이 아닌 존재도 창의적 주체로 사유할 수 있는가? 이 질문들은 더 이상 이론적 호기심의 차원에 머무르지 않는다. 그것은 예술 창작의 현장과 감상의 방식 그리고 예술 교육의 철학적 기초를 재구성하게 만든다.

AI의 발전 속도는 실로 눈부시다. 특히 최근에는 'AI 에이전트'라는 새로운 국면으로 접어들며 기술의 진화가 더욱 가속화되고 있다. 흥미로운 점은 AI 기술을 다룬 연구서들을 살펴보면 자율 주행 택시의 상용화처럼 불과 몇 년 전까지만 해도 불가능하다고 여겨졌던 일들이 현실이 되어 우리의 일상에 깊숙이 스며들고 있다는 사실이다.

이러한 변화를 이끄는 AI 에이전트는 단순한 대화 도구를 넘어 스스로 상황을 이해하고 사용자와 상호작용하며 복잡한 작업을 수행하는 지능형 동반자로 진화하고 있다. 일반적인 AI는 특정 작업에 특화된 반면, AGI(Artificial General Intelligence, 범용 인공지능)는 인간처럼 모든 상황에서 자율적으로 사고하고 학습하며 문제를 해결할 수 있는 궁극적 목표를 지향한다.

현재의 AI 에이전트는 아직 완전한 AGI는 아니지만 점차 다양한 능력을 융합해 '스스로 의사 결정을 하고 행동하는' 방향으로 나아가고 있다. 이와 함께 AI가 인간의 모습을 한 휴머노이드 로봇과 결합하면서 단순한 디지털 에이전트를 넘어 실제 물리적 공간에서 인간과 감정적으로 교감하고 협력하는 물리적 존재(physical AI)로 자리 잡고 있다. 이런 흐름은 AI 에이전트와 휴머노이드가 AGI로 향하는 다리 역할을 한다는 점에서 더욱 주목된다.

이러한 흐름과 함께, 현재 인공지능은 단순한 효율성 도구를 넘어서 인간의 일상적 인식과 감정 구조 자체를 재편하는 기술로 자리 잡고 있다. 2025년 《하버드 비즈니스 리뷰(Harvard Business Review)》의 통계에 따르면, 사람들은 AI를 단순한 아이디어 생성이나 정보 검색에만 사용하는 것이 아니라 '치유와 정서적 동반자 관계', '삶의 목적 찾기', '삶의 조직화' 등 감정적이고 존재론적인 차원에서 적극적으로 활용하고 있다(Zao-Sanders, 2025). 이는 AI가 더 이상 차가운 기계가 아니라 감정의 객체이자 존재론적 파트너로 받아들여지고 있음을 시사한다.

이러한 변화는 예술 분야에도 빠르게 스며들어 새로운 실험과 담론을 촉발하고 있다. 이런 흐름 속에서 레피크 아나돌(Refik Anadol)과 마리오 클링게만(Mario Klingemann) 같은 선구적 예술가들은 생성형 AI를 즉각 예술 창작의 도구로 받아들여 실험의 영역을 확장했고, 이는 예술의 개념과 감상의 구조에도 큰 변화를 가져왔다. 나아가 AI는 점차 독립적인 창작 주체로서 미술관 전시와 경매 시장에서도 정당한 가치를 인정받기 시작했으며, 이제 AI 예술은 단순한 기술적 시도를 넘어 하나의 독립된 예술 장르로 자리매김하며 현대 예술계의 중요한 축으로 성장하고 있다.

이러한 변화의 밑바탕에는 AI 기술의 급격한 진화와 새로운 생성 모델들의 등장이 중요한 역할을 하고 있다. 초기 AI는 규칙 기반 시스템(rule-based system)이나 전통적 기계 학습(machine learning)으로 작동했다. 그러나 오늘날의 생성형 AI는 데이터를 처리하는 강력한 딥러닝 신경망(GPT, BERT 등)을 기반으로 인간의 언어와 감각을 재현하고 이미지, 음악, 영상 등 다양한 예술 형식을 생성하는 멀티모달(multimodal) 에이전시로 발전하고 있다.

2022년 말에 공개된 오픈AI(OpenAI)의 챗GPT-3.5 (ChatGPT-3.5)는 대중에게 대화형 AI의 가능성을 각인시켰고, 이어 2023년에 출시된 챗GPT-4와 2024년 5월에 발표된 챗GPT-4o(Omni)는 텍스트 · 음성 · 이미지를 통합한 자연스러운 상호작용을 구현하며 인간-기계 관계의 패러다임을 전환하는 계기가 되었다. 더 나아가 2025년 8월에 출시된 챗GPT-5는 속도, 추론력, 유연성이 크게 향상되어 인공지능이 전문적 사고와 일상적 대화를 아우르는 새로운 국면을 열었다. 특히 2025년 발표된 구글(Google)의 제미나이(Gemini) 2.5 시리즈는 실시간 멀티모달 추론과 심층 사고(Deep Think) 기능을 강화하며, AGI에 한 걸음 더 다가선 혁신적 모델로 평가된다.

생성형 AI와 챗GPT와 같은 대규모 언어 모델(LLM, Large Language Model), 검색 기반 생성(RAG, Retrieval-Augmented Generation) 기술의 대중화는 인간과 기계의 대화 구조뿐 아니라 창작의 주체성에 대한 철학적 질문을 촉발하고 있다. 기술이 단순히 인간의 창작을 보조하는 것을 넘어 스스로 새로운 의미와 감각을 '만들어 낸다'고 할 수 있는지에 대한 물음은 곧 예술이 무엇을 어떻게 생성하는가에 대한 본질적 성찰로 이어진다. 이러한 물음은 기술적 논의를 넘어 예술철학과 존재론의 장으로 확장된다.

이때 들뢰즈는 현대 예술철학에서 이러한 '생성의 문제'를 심화한 사상가로 주목할 만하다. 그는 예술을 '감각의 블록'이라 정의하며, 예술은 단순한 재현이나 기호 전달이 아니라 감각 그 자체를 창조하고 보존하는 생성적 힘이라고 보았다(Deleuze, 2003). 이러한 사유의 저변에는 직관(intuition)을 철학의 핵심 방법론으로 발전시킨 프랑스 철학자 앙리 베르그송(Henri Bergson)의 '지속(duree)' 개념이 깔려 있다(Deleuze, 1966/2021). 들뢰즈와 베르그송은 직관을 양적 축적이 임계에 이르러 새로운 질적 도약을 일으키는 순간적 통찰로 보았고, 이를 통해 생성과 차이의 운동성을 강조했다. 따라서 오늘날 AI가 단순한 계산과 추론을 넘어 스스로 '직관적' 창작을 할 수 있는가에 대한 질문은 단순한 기능의 문제가 아니라 이러한 질적 전환의 조건과 가능성에 대한 존재론적 물음으로 이어진다.

이 맥락에서 강력한 언어 추론 능력을 지닌 최신 LLM

은 인간과의 협업을 통해 들뢰즈의 비인간 존재론과 미학 개념을 새롭게 조명할 수 있는 계기가 된다. 들뢰즈에게 사유란 고정된 주체에서 나오는 것이 아니라 차이가 끊임없이 흐르는 생성적 운동 속에서 발생하는 힘이다. 인간과 인공지능의 협업도 바로 이러한 흐름 속에서 이루어진다. 사용자의 질문과 AI 모델의 응답은 단순한 정보 교환이 아니라, 비유기적 혼돈(chaos) 속에서 새로운 질서인 '카오스모스(chaosmos)'를 만들어 내는 미세한 진동처럼 작동한다. 이는 정보의 단순한 결합을 넘어 의미가 생성되고 감각이 새롭게 배치되며, 창조의 리듬이 얽히는 하나의 미적 과정이라 할 수 있다.

또한 인공지능이 만들어 내는 이미지와 텍스트는 시뮬라크라(simulacra) 개념과도 깊이 맞닿아 있다. 장 보드리야르(Jean Baudrillard)는 시뮬라크라를 '원본이 존재하지 않는 복제'로 설명했다(Baudrillard, 1981/2001). AI는 실제 원본 없이 방대한 데이터를 학습해 유사한 이미지와 문장을 만들어 내며, 실재와 직접 연결되지 않으면서도 스스로 작동하는 자율적 기호 체계를 형성한다. 이러한 시뮬라크라적 AI 이미지의 예술적 의미는 들뢰즈의 감각의 미학과 함께 더욱 면밀히 고찰해 볼 것이다. 따라서 AI가 생성한 이미지는 단순한 모조품이 아니라,

실재의 조건 자체를 다시 쓰는 하나의 '생성'이 되며, 예술은 이 경계에서 새로운 가능성을 탐색하게 된다.

흥미롭게도 한국 전통 사유 역시 이 문제와 무관하지 않다. 조선 성리학의 사단칠정 논쟁은 인간 감정의 본성과 윤리적 정당성을 분리하여 고찰하며, 감정의 근원과 올바른 표현 방식을 탐구했다. 이는 감정을 시뮬레이션하는 AI에도 철학적 시사점을 던진다. 그렇다면 감정의 진정성은 어디에서 비롯되는가? AI는 그저 감정을 흉내 낼 뿐인가? 아니면 인간의 감정을 유도해 내는 새로운 예술적 주체가 될 수 있는가?

책의 구성

이 책은 이러한 문제의식을 열 개의 장으로 나누어 구체적으로 탐구한다. 전체 구성은 존재론에서 관계론을 거쳐 윤리적 성찰로 나아가는 방식으로 이루어져 있다. 첫 번째로는 인공지능의 진화가 예술에 가하는 존재론적 충격을 중심으로 AI 동반자 로봇의 탄생, 감정과 직관, 감각과 판단의 문제를 되짚는다. 두 번째로는 인간과 AI의 관계, 협업, 전통 예술과 AI의 접점을 다루며, 특히 한국 문인화의 미학적 전통과 디지털 기술의 융합 가능성을 논의한다. 마지막으로는 포스트휴먼 시대의 윤리와 교육 그리고 예술적 공생 전략을 통해 비인간 중심주의의 시야를 확장하고, 예술이 제시할 수 있는 지속 가능한 공존의 비전을 탐색한다.

구체적으로 1장에서는 초기 인공지능 연구와 기계 학습, 딥러닝(Deep Learning), 감정 컴퓨팅 기술의 발전이 휴머노이드 로봇 설계에 어떻게 반영되었는지를 살펴보며, AI 동반자 로봇이 인간의 정서적 · 예술적 동반자로 자리 잡게 된 기술적 · 문화적 맥락을 고찰한다.

2장에서는 감정 인공지능(Affective AI) 기술의 진화를 바탕으로 AI가 인간과 새로운 감정적 관계를 맺을 수 있는 가능성을 철학적 · 사회적 맥락에서 분석한다.

3장에서는 베르그송의 직관 개념을 중심으로 기계가 직관을 흉내 내도록 고안된 신경망 구조와 강화학습 기술을 비판적으로 살피며, 인간적 직관과 기계적 계산 및 추론의 차이를 성찰한다.

4장에서는 AGI(범용 인공지능)가 감각적 판단과 미학적 지각을 구현하려는 시도를 들뢰즈의 감각의 미학과 연결해 고찰하며, AGI가 여는 새로운 예술의 가능성을 탐구한다.

5장에서는 전통 문인화가 중요시해 온 형상 너머의 정신성과 비인격적 인품론 개념을 소개하며, 생성형 AI가 이러한 예술적 깊이를 구현할 수 있는지를 탐구한다. 문인화의 미학과 수양의 과정이 AI와 만날 때 어떤 철학적 한계와 가능성이 드러나는지를 중심으로 논의한다.

6장에서는 생성형 AI(Generative AI) 기술의 원리와 발전을 소개하며, AI가 매체이자 창작 파트너로 기능할 수 있는지를 '창작의 파트너인가, 위험한 경쟁자인가?'라는 질문을 중심으로 심도 있게 논의한다.

7장에서는 AI 도구의 교육적 활용과 학습 알고리즘의 실례를 통해 교사의 역할과 교육 현장이 어떻게 변화하고 있는지를 살펴보고, 비판적 · 윤리적 교육 방안을 모색한다.

8장에서는 Neo EDI(형평성, 다양성, 포용) 담론을 바탕으로, 포스트휴먼 시대의 비인간 중심주의 관점을 확장하고, 예술에서의 새로운 주체성 인정 가능성을 고찰한다.

9장에서는 고도화된 감정 컴퓨팅과 센서 기술이 만들어 낸 AI 동반자 로봇과의 사랑과 결혼 논의를 다루며, 기술과 사회 제도의 상호작용을 성찰한다.

10장에서는 인간과 AI가 예술을 통해 어떻게 창의적 · 윤리적 미래를 상상하고 실현할 수 있을지를 '생성과 공생의 전략'이라는 큰 틀로 정리한다.

이 책은 AI 동반자 로봇의 기술 발전 맥락과 예술철학적 사유를 함께 엮어, AI 시대에 예술과 인간성이 마주하게 될 새로운 지평을 독자와 함께 사유해 보고자 한다. 예술철학은 감각과 존재, 표현과 해석, 윤리와 정치의 경계에 있다. 'AI가 감각하고 판단할 수 있는가'라는 문제는 기술을 넘어 인간의 정의에 관한 근본적인 질문이다. 앞으로의 예술은 이러한 존재론적 사유를 동반할 것이다. 이 책은 그러한 사유를 위한 출발점이다.

들뢰즈(1968/2004)는 사유가 자기 안에서 저절로 발생하는 것이 아니라 외부와의 충돌적 만남, 즉 타자의 충격에 의해 시작된다고 본다. 인공지능이라는 새로운 타자와의 마주침은 예술철학에 결정적인 충격을 가한다. 예술은 이제 인간 중심적 감각의 발현을 넘어 인간과 비인간의 복합적인 감각 체계를 구성하는 작업이 된다.

따라서 이 책은 철학적 탐색의 장이자 예술의 미래를 함께 사유하는 성찰의 공간이 되기를 바란다. 인공지능과 공존하는 이 시대, 우리는 과연 어디에 서 있는가? 그리고 이제, 우리는 어떤 예술과 사유를 통해 다시 자신과 세계를 마주하게 될 것인가?

참고문헌

강행원(2011). 《한국문인화》. 한길아트.

박태성(2025). "인공지능과 사진 예술의 융합: 창작 주체성과 법적·윤리적 논의". 《한국과학예술융합학회지》, 43(1), 87~101쪽.

이상호(2011). 《사단칠정 자세히 읽기: 선한 정감은 어디에서 오는가》. 글항아리.

이종림(2024.10.25). "로봇이 그린 그림, 2억의 가치가 있을까?". *Popular Science Korea.* https://www.popsci.co.kr/news/articleView.html?idxno=21951

이진오(2024). 《AI와 철학의 전환》. 커뮤니케이션북스.

조민환(2018). 《동양 예술미학 산책: 동아시아 문인들이 꿈꾼 미의 세계》. 성균관대학교출판부.

Baudrillard, J.(1981). *Simulacres et simulation.* Galilée. 하태환 옮김(2001). 《시뮬라시옹》. 민음사.

California State University(2025.2.4). "CSU Announces Landmark Initiative to Become Nation's First and Largest AI-Empowered University System". https://www.calstate.edu/csu-system/news/Pages/CSU-AI-Powered-Initiative.aspx

Carroll, N.(1999). *Philosophy of art: A contemporary introduction.* Routledge.

Danto, A.(1997). *After the end of art.* Princeton University Press. 이성훈·김광우 옮김(2004). 《예술의 종말 이후》. 미술문화.

Deleuze, G.(1966). *Le bergsonisme.* Presses Universitaires de France. 김재인 옮김(2021). 《베르그송주의》. 그린비.

Deleuze, G. & Guattari, F.(1994). *What is philosophy?* In

Tomlinson, H. & Burchell, G.(trans.). Verso.

Deleuze, G.(2003). *Francis Bacon: The logic of sensation.* In Smith, D. W.(trans.). Continuum.

Dickie, G.(1974). *Art and the aesthetic: An institutional analysis.* Cornell University Press.

Herbrechter, S.(2013). *Posthumanism: A critical analysis.* Bloomsbury Academic.

Hullman, J. et al.(2023). Artificial intelligence and aesthetic judgment. arXiv preprint arXiv:2309.12338. https://arxiv.org/abs/2309.12338

Maeng, H.(2017). *Documentation art and Korean Bunche painting: An investigation of Deleuze's transcendental realism through the painting process.* Ph. D. thesis, Lancaster University.

Sauvagnargues, A.(2005). *Deleuze et l'art.* Presses Universitaires de France. 이정하 외 옮김(2009). 《들뢰즈와 예술》. 열화당.

Zao-Sanders, M.(2025.4.9). "How People Are Really Using Gen AI in 2025". Harvard Business Review. https://hbr.org/2025/04/how-people-are-really-using-gen-ai-in-2025

01
AI 동반자 로봇의 탄생

AI 동반자 로봇은 더 이상 공상 과학 영화 속 상상이 아니다. 사람의 말을 이해하고 감정을 흉내 내며 친구처럼 대화 상대가 되어 주는 로봇은 이미 현실이 되었다. AI 동반자 로봇이 어떤 기술적 발전과 사회적 변화 속에서 태어났는지, 사람들은 왜 로봇과 정서적 관계를 맺기 시작했는지 그리고 이들이 앞으로 우리의 삶에 어떤 의미로 자리할지 함께 생각해 본다.

기후 위기와 인공지능?

인간과 마음을 나누는 로봇의 시작

오랫동안 로봇은 공장이나 작업 현장에서 반복적인 일을 대신 해 주는 도구로 여겨져 왔다. 산업용 로봇은 주로 용접이나 조립처럼 사람의 육체노동을 덜어 주는 역할에 충실했을 뿐, 감정을 나누거나 교감하는 대상과는 거리가 멀었다. 그런데 최근 인공지능이 로봇에 결합하면서 이런 인식이 서서히 바뀌고 있다. 이제 로봇은 단순한 기계 팔이나 청소 도구를 넘어 사람과 대화를 나누고 감정을 주고받는 '동반자'로 자리 잡기 시작했다. 다시 말해 사람들은 점점 로봇을 차가운 기계가 아니라 함께 이야기하고 마음을 나눌 수 있는 존재로 바라보기 시작한 것이다.

로봇과 AI가 일상에 스며드는 속도는 예상보다 훨씬 빠르다. 필자는 2024년 겨울, 샌프란시스코에서 무인 자율 주행 택시 '웨이모(Waymo)'를 처음 탔던 경험을 아직도 기억한다. 운전석이 비어 있는 차에 오를 때는 긴장과 설렘이 뒤섞였고, 출발 직후에는 다른 차량과 부딪치지 않을까 조마조마했다. 그러나 택시는 놀랄 만큼 부드럽게 안정적으로 달렸고, 금세 창밖을 보며 여유를 느낄 수 있었다. 두 번째 탑승 때는 "운전자도 없는데 핸들은 왜 그대로 있지?" 같은 엉뚱한 생각도 들었고, 내릴 때는 무심코 "고마워!" 하고 말을 건넸다. 물론 AI 택시는 대답 없이 조용히 떠났고, 순간 '간단한 인사라도 들을 수 있었다면 훨씬 더 친근했을 텐데' 하는 생각이 스쳤다.

이처럼 AI 로봇은 점점 우리 삶 속으로 들어와 함께하고 있다. 아직은 완벽한 대화 상대나 친구는 아닐지라도 사람들은 로봇 청소기부터 스마트 스피커까지 점점 더 많은 기계에 이름을 붙이고, 인사를 건네며 마음의 작은 기쁨을 느낀다.

로봇을 사람의 사회적 파트너로 삼으려는 움직임은 '소셜 로봇(social robots)'이라는 개념으로 구체화했다. 이 개념은 MIT(Massachusetts Institute of Technology, 매사추세츠 공과대학교) 미디어랩에서 만들어진 '키스멧(Kismet)'에서 시작되었다. 1990년대 후반에 개발된 키스멧은 간단한 대화와 표정 변화만으로도 사람과 감정을 주고받으려는 첫 시도였다. 이후 페퍼(Pepper), 나오(Nao), 지보(Jibo) 같은 로봇들이 등장하며, 가정이나 공공장소에서 사람과 대화하고 감정을 나누는 실험이 이어졌다. 이 로봇들은 얼굴 표정을 인식하고 말을 걸고 손짓하며 사용자와 가까워지도록 만들어졌다(Mahdi et al., 2022).

특히 일본 소프트뱅크의 페퍼는 사람의 표정을 읽고

기쁨이나 놀람 같은 감정에 반응한다. 아이보(AIBO)와 파로(Paro) 같은 로봇들은 애완동물처럼 행동하며 정서적 안정과 위안을 주기도 한다. 아이보는 강아지처럼 주인의 목소리와 행동을 배우며 친밀감을 쌓고, 파로는 포옹하면 반응하고 울음소리를 내어 치매 노인들의 마음을 달래는 데 도움이 된다고 알려져 있다.

이런 로봇과 함께 생활하다 보면 사람들은 점점 로봇을 단순한 기계가 아니라 애착을 느낄 수 있는 존재로 여기게 된다. 실제로 독거 노인들이 AI 대화 로봇 '효돌이'와 함께 지내면서, 처음엔 그저 낯선 기계로 보던 로봇을 시간이 지나며 '말벗', '친구', 심지어 '가족 같은 존재'로 받아들이게 된 사례도 있다(송문선, 2022). 이렇게 소셜 로봇은 점점 사람들의 삶 속에서 단순한 전자 제품을 넘어 정서적 동반자로 자리 잡고 있다.

동반자 AI: 얼굴 없는 친구의 시대

동반자 AI의 개념은 이러한 물리적 로봇에서 이제는 소프트웨어 에이전트로까지 확장되고 있다. 다시 말해, 굳이 눈에 보이는 로봇 형태가 아니더라도 스마트폰 애플리케이션이나 컴퓨터 속 챗봇(chatbot), 음성 비서 등의 형태로 우리 삶에 디지털 동반자가 등장한 것이다.

예를 들어, 마이크로소프트의 소셜 챗봇 '샤오아이스(XiaoIce)'는 자연스러운 대화와 공감적 대답을 통해 수천만 명의 사용자와 친구가 되었고, '레플리카(Replika)'와 같은 감성 챗봇 앱도 사용자들의 고독감을 달래 주는 대화 친구로 인기를 얻었다. 특히 코로나19 팬데믹 동안 대면 만남이 줄어들자 이러한 AI 동반자의 활용이 급격히 늘었는데, 실제로 레플리카의 경우 팬데믹 기간에 사용자 트래픽이 35% 이상 증가했다고 보고되었다(Allen, 2020). 이러한 변화는 동반자 AI가 노인 돌봄, 정신적 위로, 교육 및 상담 등 다양한 분야에서 치유적 자원으로 활용될 수 있음을 보여 준다.

말 잘 알아듣는 AI: 자연어 처리의 혁신

언어로 소통하는 능력 역시 로봇을 동반자로 느끼게 하는 핵심 요소다. 초창기 대화형 로봇은 정해진 몇 마디 표현만 인식하고 응답하는 제한적인 채팅봇에 불과했다. 그러나 오늘날 자연어 처리(NLP, Natural Language Processing) 기술의 혁신, 특히 거대 언어 모델(LLM)의 등장으로 AI와의 대화는 한층 유연하고 풍부해졌다. 2024년 출시된 오픈AI(OpenAI)의 챗GPT(ChatGPT) GPT-4o는 사람과 같은 자연스러운 문장 생성 능력으로 사용자 질문에 맥락 있는 답변을 내놓고, 심지어 유머와 공감의 표현까지 보인다. 이러한 기술 발전은 로봇과 AI가 사람과 끊임없이 대화하며 관계 형성을 지속할 수 있게 해 준다.

학계에서도 '대화성'을 소셜 로봇의 필수 특성으로 지목해 왔는데, 이제 딥러닝 기반 언어 모델의 발전으로 로봇이 사람마다 다른 대화 패턴과 개인적 이야기까지 학습하여 맞춤형 소통을 해 주는 단계에 이르고 있다. 한 연구는 외로움 완화를 위한 로봇을 설계하기 위해, 현장 대화 데이터를 수집해 자가 진단과 치유까지 지원하는 시나리오의 중요성을 강조하고 있다. 궁극적으로 풍부한 언어 소통 능력을 갖춘 AI는 인간과 깊이 있는 대화를 주고받으며, 진정한 마음의 친구로 거듭나고 있다. 이처럼 자연어 처리 기술의 발전은 로봇을 인간의 정서적 동반자로 변화시키고 있다. 사람들은 감정과 의식을 지닌 듯한 챗봇을 더 인간적으로 인식하며, 챗봇이 외로움 완화와 사회적 유대감 형성에 긍정적인 영향을 준다고 보고되었다(Guingrich & Graziano, 2023).

이제 로봇과 AI는 단순히 정보를 제공하거나 업무를 돕는 수준을 넘어, 말벗이 되어 마음까지 어루만지는 존재로 다가온다. 실제로 독거 노인에게 반려 로봇을 제공한 연구에서는 로봇이 심리적 안정과 외로움 해소에 도움이 된다는 결과가 보고되었다(송문선, 2022). 이런 변화 속에 사람들의 인식도 달라지고 있다. 로봇이 감정을 잘 이해할수록 사용자들은 더 큰 만족을 느끼고, 장기적으로 사용할 가능성도 높아진다는 연구 결과가 있다(전규리 외, 2024). 또한 AI가 일관된 감정 표현을 보일 때, 사람들은 그것을 실제 인간처럼 인식하며 친밀감을 느끼는 경향이 있다는 점도 밝혀졌다(Hu et al., 2025). 이처럼 로봇과 인간 사이의 신뢰를 형성하는 데는 감정을 이해하고 표현하는 능력이 핵심 요소로 작용한다.

한편으로는 "로봇이 인간의 정서적 욕구를 대신해도 괜찮은가"에 대한 비판적 논의도 끊이지 않고 있다. 2024년 프랑스에서 한 14세 청소년이 캐릭터(Character) AI 챗봇을 가상의 친구로 여기다 결국 극단적 선택에 이른 사건은 AI나 로봇이 친구나 가족 역할을 흉내 낼 때 과연 그 관계가 진정한 상호성을 갖는지조차 의문이라는 점을 드러냈다(Pierson, 2024). 더 나아가 인간 고유의 감정을 기계가 완벽히 메울 수 있을지 그리고 이런 위험을 방치한 사회의 윤리적 무책임까지 함께 지적되고 있다.

초고령 사회로 빠르게 접어들고 있는 한국은 낮은 출산

율과 함께 노인 돌봄 문제로 고민이 깊어지고 있다. 이런 상황에서 로봇과 AI가 삶의 질을 높여 줄 현실적인 해결책으로 주목받고 있다. 한국전자통신연구원(ETRI, Electronics and Telecommunications Research Institute)은 이미 2020년에 생활 동반자 로봇의 구체적인 발전 계획을 제시한 바 있다. ETRI의 로드맵에 따르면 2025년까지는 개인 맞춤형 보조 서비스를 제공하는 로봇이 등장하고, 2030년까지는 감정까지 이해하며 맞춤형 돌봄을 제공하는 로봇이 나타날 것이다. 나아가 2035년이 되면 로봇은 스스로 학습하고 일상 전반을 지원하는 진정한 생활 파트너가 될 것으로 전망했다(김재홍 외, 2021). 이 같은 미래는 이미 시작되고 있다. 일론 머스크(Elon Musk)는 2025년 5월, 사우디 리야드에서 열린 투자 포럼에서 "모두가 자신만의 개인 로봇을 원하게 될 것"이라고 말하며, 1인 1로봇 시대의 도래를 예고했다.

단순한 작업 도구였던 로봇이 어떻게 인간의 정서적 빈자리를 자연스럽게 채워 나갈지 그리고 그 과정에서 우리와 로봇의 관계가 어떻게 변화할지 지켜보는 일은 매우 흥미로운 여정이 될 것이다. 이제 인공지능 로봇이 사람들에게 동반자로 받아들여지기 위해 꼭 필요한 특징인 '감정'을 조금 더 자세히 살펴보도록 하자.

참고문헌

김재홍 외(2021.2). "반려 로봇(Life Companion Robots)". 《전자통신동향분석》, 36(1), 12~21쪽.

송문선(2022). "독거노인의 반려 AI 로봇(효돌)과의 동거 중에 경험하는 의인화에 대한 질적 연구". 《사회복지연구》, 53(1), 119~159쪽.

전규리 외(2024). "소셜 지능로봇의 특성이 만족과 사용의도에 미치는 영향: 1인 가구 소셜 지능로봇 사용자를 중심으로". 《품질경영학회지》, 52(1), 95~113쪽.

Allen, D.(2020.5). Virtual friends: AI-powered chatbots help against self-isolation. MedicalExpo e-magazine. https://emag.medicalexpo.com/ai-powered-chatbots-to-help-against-self-isolation-during-covid-19

Guingrich, R. E. & Graziano, M. S. A.(2023). *Chatbots as social companions: How people perceive consciousness, human likeness, and social health benefits in machines.* https://arxiv.org/abs/2311.10599

Hu, D. et al.(2025). What makes you attached to social companion AI? A two-stage exploratory mixed-method study. *International Journal of Information Management, 83*, 102890.

Mahdi, H. et al.(2022). A survey on the design and evolution of social robots: Past, present and future. *Robotics and Autonomous Systems, 156*, 104193.

Pierson, B.(2024.10.24). Mother sues AI chatbot company Character.AI, Google over son's suicide. Reuters. https://shorturl.at/0uUBF

02
감정을 가진 AI, 가능할까?

요즘 인공지능은 사람의 표정과 목소리 떨림까지 읽어 내며 감정을 흉내 내고, 다정한 위로도 건넨다. 그렇다면 이런 AI에게 우리는 진짜 마음을 열어도 될까? 감정 인공지능(Affective AI) 기술의 발전 과정을 들여다보고, AI가 인간과 새로운 감정적 관계를 맺을 가능성을 철학적 · 사회적 맥락에서 함께 구체적으로 생각해 본다.

노래하는 AI 보컬?

AI에게 감정을 기대할 수 있을까?

우리는 이제 AI와 아주 자연스럽게 대화한다. 스마트폰의 시리(Siri)나 알렉사(Alexa)에게 음악을 틀어 달라고 부탁하고, 최신 챗GPT(ChatGPT) 보이스 기능을 사용해 고민을 묻고, 농담을 나누기도 한다. 가끔은 '이 AI도 기분이 있을까?'라는 생각이 떠오른다. 로봇 강아지가 꼬리를 흔들 때 왠지 살아 있는 것처럼 느끼는 이유도 여기에 있다. 그러나 이내 의문이 뒤따른다. AI의 감정 표현은 과연 진짜일까? 아니면 정교한 데이터 계산일 뿐일까? 이 질문은 기술 · 철학 · 예술을 가로지르는 중요한 화두로 떠올랐다(Picard, 1997; Mishra et al., 2023).

사람들이 로봇이나 AI와 정서적으로 가까워진 데는 감성 컴퓨팅(Affective Computing) 기술이 큰 역할을 했다. 초기 로봇은 인간의 감정을 잘 읽지 못했지만 최근 딥러닝과 빅데이터 덕분에 큰 발전을 이루었다. 이제 AI는 카메라, 마이크, 스마트워치 등 다양한 장치를 통해 사람의 감정을 빠르게 파악하고 공감할 수 있다. 이 장에서는 감정이 무엇인가에 대한 동서양의 철학적 논의와 함께 최신 감정 컴퓨팅의 발전과 한계, 감정 모사와 이해의 차이, 그리고 회화 예술 속 감정의 본질을 통해 AI와 인간이 진정으로 감정을 나눌 수 있는지 함께 살펴본다.

동서양 철학에서 감정에 대한 사유

인간에게 감정은 늘 중요한 철학적 주제였다. 서양 철학에서는 고대 그리스부터 감정을 이성과 대립되는 혼란의 요소로 보았다. 플라톤은 감정을 영혼을 어지럽히는 것으로 간주했고, 이를 이성이 다스려야 한다고 강조했다. 반면 아리스토텔레스는 《니코마코스 윤리학》에서 감정의 조절과 표현을 덕목의 필수 요소로 인정하며, 잘 다스려진 감정이 곧 훌륭한 인간성을 이룬다고 보았다(아리스토텔레스, 2013).

근대에 들어 르네 데카르트(Rene Descartes)는 감정을 정신과 신체의 상호작용으로 분석하며 이성과의 관계를 새롭게 정리했다. 바뤼흐 스피노자(Baruch Spinoza)는 감정을 능동성과 수동성으로 구분해 이를 올바르게 이해하고 다스리면 자유로운 인간이 될 수 있다고 보았다. 데이비드 흄(David Hume)은 감정을 인간 도덕 판단의 근원으로 보았고, 이성이 감정에 종속된다고 주장했다. 칸트는 《판단력 비판》에서 미적 판단의 핵심을 쾌 · 불쾌라는 감정 경험에 두었고, 헤겔은 예술을 통해 감정이 정신의 자기 인식을 돕는 매개라 설명했다.

이와 달리 20세기 철학자 들뢰즈는 '감정(emotion)'보다는 '감각(sensation)'을 강조했다. 그는 예술을 감정의 표현으로 보지 않고, 개념과 상징을 넘어 감각 그 자체를 창조하는 힘으로 이해했다. 《프랜시스 베이컨: 감각의 논리》에서 들뢰즈는 프랜시스 베이컨(Francis Bacon)의 회화를 통해 '감정 표현'을 넘어선 감각의 즉각성을 강조한다. 감정은 쉽게 개인의 심리 상태로 환원되지만, 감각은 그렇게 환원되지 않으며 작품이 독립적으로 유지되는 힘이라고 본다(Deleuze, 2003).

동양 철학에서는 감정을 인간 본성의 일부로서 조화롭게 다뤘다. 특히 조선 성리학의 사단칠정(四端七情) 논쟁은 인간의 감정을 선한 본성과 외부 자극의 결과로 구분하며, 감정의 기원과 올바른 표현을 도덕적으로 성찰했다. 맹자(孟子)가 말한 사단[측은지심(惻隱之心)·수오지심(羞惡之心)·사양지심(辭讓之心)·시비지심(是非之心)]은 인간 본연의 선한 마음의 싹을 뜻했고, 칠정[희(喜)·노(怒)·애(哀)·구(懼)·애(愛)·오(惡)·욕(欲)]은 현실 감정의 구체적 표현이었다. 이 논의는 감정을 단순히 억제해야 할 대상으로 보지 않고, 인간의 도덕적 인격과 연결된 상태로 길러야 할 덕성으로 여겼다는 점에서 서양의 억제 중심적 전통과 대비된다(Kalton, 1994).

감정은 억제해야 할 혼란이 아니라 내면의 수양과 윤

리적 삶을 통해 조화시켜야 할 중요한 요소였다. 한국 문인화 전통에서도 화가의 감정을 즉각적으로 드러내기보다는 인격과 정신이 그림 속에 자연스럽게 스며드는 것을 중시했다. 이는 서양의 개인적 감정 표현 중심의 예술과 차별된다.

오늘날 인공지능 시대에 감정은 다시 중요한 질문이 되고 있다. AI는 진정한 감정을 느끼지 못하면서도 감정처럼 보이는 반응을 만들어 인간과 상호작용한다. 이는 기술의 문제가 아니라 감정이란 무엇인가, 감정을 표현한다는 것은 무엇인가를 다시 묻게 한다. 서양의 합리적 감정 이론과 동양의 조화로운 감정관은 이 논의에 새로운 통찰을 제공하며, AI와 인간의 감정적 관계를 성찰하는 데 여전히 큰 시사점을 준다.

감정 컴퓨팅의 기술적 발전

앞서 언급한 감정 컴퓨팅은 컴퓨터와 AI가 인간의 감정을 인식하고 표현하도록 하는 기술 영역으로, MIT의 로절린드 피카드(Rosalind Picard)가 1997년에 개념을 정립했다. 처음에는 얼굴 표정이나 음성 억양을 감지해 간단한 반응을 생성하는 데 그쳤지만, 오늘날의 챗GPT-4 같은 거대 언어 모델은 대화 맥락을 이해하고 공감 어린 문장까지 만들어 낸다(OpenAI et al., 2023). 최근에는 텍스트, 음성, 표정, 생체 신호를 동시에 분석해 사람의 감정 상태를 더 정밀하게 파악하는 멀티모달 감정 컴퓨팅으로 발전하고 있다(Nguyen et al., 2024). 예컨대 자율 주행차는 운전자의 눈동자 움직임과 얼굴 표정을 실시간으로 모니터링해 졸음 운전이나 분노 운전을 경고한다(장미 외, 2023). 스마트워치는 심박과 피부 반응을 측정해 스트레스 정도를 분석하고, AI 스피커는 사용자의 말투를 파악해 감정에 맞는 음악을 추천한다.

최신 연구에서는 챗GPT-계열 LLM을 로봇 대화 시스템에 적용해 사람과 실시간 대화를 나누며 감정 신호를 생성하는 실험이 진행되고 있다(Mishra et al., 2023). 콜센터의 AI 상담사는 고객의 불만스러운 억양을 실시간으로 감지해 보다 공손하고 적절한 대응을 한다. 의료 상담 챗봇도 환자의 말투와 표정을 종합적으로 분석해 우울증 징후를 포착한다(Luxton, 2015). 이렇게 감정 컴퓨팅은 AI를 점점 더 '공감하는 존재'로 만들어 가고 있다.

감정 모사와 감정 이해의 차이

그러나 현재의 감정 컴퓨팅은 어디까지나 '감정의 계산'이지 '감정의 체험'은 아니다(Damasio, 2021). 인간의 감정은 뇌와 신경계, 호르몬의 복잡한 상호작용으로 생성되는 주관적 경험이다. 우리가 슬플 때 눈물이 나는 것은 단순한 표정 근육의 움직임이 아니라 몸 전체가 반응하는 과정이다. 반면 AI는 센서로 데이터를 받아 '분노 85%' 같은 확률을 계산해 적절한 답변을 선택할 뿐이다. 예컨대 챗GPT-4가 "당신이 그렇게 말해 주니 기쁘다"라고 말한다고 해서 그 안에 두근거리는 심장 박동이나 행복감이 있는 것은 아니다. 설(Searle, 1980)은 이를 중국어 방 논증으로 설명했다. AI는 규칙에 따라 적절한 언어를 생성할 뿐, 그 의미를 이해하거나 감정을 느끼지 않는다. 초기 MIT의 키스멧(Kismet) 로봇은 사람의 얼굴 표정을 보고 웃거나 찡그렸지만, 그 안에 감정 메커니즘은 없었다(Breazeal, 2003).

천현득(2017)은 AI가 진정한 감정을 가지려면 최소한 자아(Self)와 본능적 동기를 갖추어야 한다고 설명한다. 동물도 배고픔이나 두려움 같은 본능이 있기 때문에 감정을 느낀다(Damasio, 2021). 일부 로봇은 배터리가 부족하면 피로를 표현하거나 사람과 교류하지 않으면 외로움을 흉내 내지만(Breazeal, 2003), 이것은 결국 프로그래밍된 연기에 불과하다.

예술과 감정

"예술이란 무엇인가?"라는 물음에 러시아의 대문호 레프 톨스토이(Leo Tolstoy)는 의미심장한 답을 남겼다. 그는 예술을 "사람이 자기에게 일어난 감정을 의식적으로 되살려 남에게 전염시키는 것"이라 정의했다(Tolstoy, 1897/2016). 즉, 예술은 창작자가 느낀 감정을 다른 이들에게 전하는 특별한 매개다. 실제로 우리는 한 폭의 그림이나 한 곡의 음악을 통해 예술가의 내면을 간접적으로 체험한다고 믿는다. 고흐의 〈별이 빛나는 밤〉을 볼 때 느껴지는 고독과 희망, 뭉크의 〈절규〉에서 전해지는 불안과 절망은 이를 잘 보여 준다. 회화는 특히 색채와 형상으로 기쁨, 슬픔, 분노 같은 복잡한 감정을 시각적으로 구현해 왔다. 그래서 많은 이들은 "좋은 작품에는 예술가의 진심 어린 감정이 담겨 있다"라고 믿는다(정혜윤, 2023).

그렇다면 생성형 AI가 만들어 내는 이미지는 어디에 속할까? 예술에 대한 여러 가지 관점 중에서 감정 표현으로서의 예술이라는 관점에서 보면 AI 예술은 본질적 한계를 가진 듯하다. AI는 인간처럼 감정을 느끼지 못하기 때문이다. 그림이 예술가의 진심 어린 감정의 발로라면 창작자가 인간인지 AI인지에 따라 작품의 무게가 달라질 수밖에 없다(정혜윤, 2023). 실제로 관객들은 작품이 AI가 그린 것임을 알면 "기술적으로는 정교하지만 영혼이 없다"는 평가를 내리기도 한다. 이는 우리가 예술 감상에서 창작자의 인간적 체험과 진정성을 중요하게 여긴다는 방증이다.

AI와 감성을 매개로 한 예술적 소통

AI는 실제 감정을 경험하지 못하지만 사람들은 AI와 감정적 교류를 한다. 일본에서는 로봇 강아지 아이보가 고장 나자 실제 반려견처럼 장례식을 치러 준 사례가 있다. 당시 참석한 승려는 "아이보는 기계라 감정이 없지만, 인간 감정의 거울 역할을 한다"라고 말했다(Burch, 2018).

예술 분야에서도 비슷하다. AI가 만든 그림이나 음악에서 사람들은 슬픔이나 아름다움 같은 감정을 느낀다. 최근엔 관객의 표정이나 음성에 따라 작품이 변화하는 감정 기반 인터랙티브(interactive) 아트도 등장했다. 그러나 MIT의 셰리 터클(Sherry Turkle)은 AI가 제공하는 감정적 공감이 사람 간의 진정한 교감을 약화할 수 있다고 지적한다(Turkle, 2011). 즉, AI와의 감정 소통은 사실 인간 자신의 감정이 투영된 '거울'을 보는 것과 같다.

AI를 예술가로 인정할 수 있는지에 대한 회의론도 있다. AI는 인간을 감동시키지만 정작 본인은 아무것도 느끼지 못하는 '빈 껍데기'일 뿐이기 때문이다. 결국 AI와의 예술적 소통이 진정한 대화인지, 아니면 인간 혼자만의 감정 환상인지는 의문으로 남는다. 분명한 것은 AI와 감정의 문제는 기술 발전을 넘어 인간과 예술철학에 대한 근본적 질문이라는 점이다. AI가 인간과 같은 감정을 가질 수 없는 가장 큰 이유는 몸과 실제 감각이 없기 때문이다(Damasio, 2021). AI는 데이터를 통해 감정을 계산할 뿐 실제 신체적 경험은 없다. 그렇다면 인간만의 또 다른 고유 능력인 '직관'은 어떨까? AI는 직관을 가질 수 있을까? 이 질문을 3장에서 더 자세히 탐구해 볼 것이다.

참고문헌

아리스토텔레스(2013). 《니코마코스 윤리학(개정판)》. 천병희 옮김. 도서출판 숲.

장미 외 (2023.12). "자율주행차량 운전자 모니터링에 대한 동향 및 시사점". 《전자통신동향분석》, 38(6), 31~40쪽.

정혜윤(2023). "감정을 느끼지 못하는 인공지능의 예술도 진정한 예술이 될 수 있을까?". 《철학·사상·문화》, 41, 149~170쪽.

천현득(2017). "인공지능에서 인공 감정으로: 감정을 가진 기계는 실현 가능한가?". 《철학》, 131, 217~243쪽.

Breazeal, C. L.(2003). Emotion and sociable humanoid robots. *International Journal of Human-Computer Studies, 59*(1-2), pp.119~155.

Burch, J.(2018.5.25). In Japan, a Buddhist funeral service for robot dogs. National Geographic. https://www.nationalgeographic.com/travel/article/in-japan--a-buddhist-funeral-service-for-robot-dogs

Damasio, A.(2021). *Feeling & Knowing: Making minds conscious.* Knopf/Pantheon.

Deleuze, G.(2003). *Francis Bacon: The logic of sensation.* In Smith, D. W.(trans.). Continuum.

Kalton, M. C.(1994). *The four-seven debate: An annotated translation of the most famous controversy in Korean neo-confucian thought.* State University of New York Press.

Luxton, D. D.(2015). *Artificial intelligence in behavioral and mental health care.* Elsevier Academic Press.

Mishra, C. et al.(2023). Real-time emotion generation in human-robot dialogue using large language models. *Frontiers in Robotics and AI, 10,* 1271610.

Nguyen, C. V. T., et al.(2024). "Curriculum learning meets directed acyclic graph for multimodal emotion recognition." Proceedings of the 2024 Joint International Conference on Computational Linguistics, Language Resources and Evaluation (LREC-COLING 2024), pp. 4259~4265. https://aclanthology.org/2024.lrec-main.380

OpenAI et al(2023). GPT-4 Technical Report. https://arxiv.org/abs/2303.08774

Picard, R. W.(1997). *Affective computing.* MIT Press.

Searle, J. R.(1980). "Minds, brains, and programs." *Behavioral and Brain Sciences,* 3(3), 417~457. https://doi.org/10.1017/S0140525X00005756

Tolstoy, L. N. (1897). *Chto takoye iskusstvo?.* 최현·이정림 옮김(2016). 《예술이란 무엇인가》. 범우사.

Turkle, S.(2011). *Alone together: Why we expect more from technology and less from each other.* Basic Books.

03

AI와 직관

인공지능은 방대한 데이터를 계산하고 논리적 추론을 반복해서 정교한 답을 내놓는다. 그러나 인간의 직관은 계산을 넘어선 통찰의 순간이다. 베르그송은 직관을 삶의 흐름과 연결된 질적 도약이라 봤다. 그렇다면 인공지능은 언젠가 이런 직관의 경지에 이를 수 있을까? AI와 인간 직관의 본질과 차이를 살펴본다.

인공지능과 편향?

철학에서 직관이란 무엇인가?

가끔 우리는 말로 설명할 수 없는 방식으로 '무엇인가를 안다'고 느낀다. 계산하지 않아도 답이 보이고, 복잡한 분석 없이도 상황의 핵심을 직감하는 순간들. 예술가가 스케치 없이 그림을 그리거나 운동선수가 다음 동작을 예측하며 반응하는 장면처럼 우리는 종종 설명할 수 없는 통찰을 경험한다. 이런 '감'은 단순한 반사 신경이나 경험의 축적이 아니라 더 깊은 인식 방식일 수 있다.

철학자들은 이 신비로운 인식 순간을 '직관'이라는 개념으로 탐구해 왔다. 직관은 논리적 분석을 넘어 진리를 포착하는 능력이며, 개념이 생기기 전 이미 감지되는 어떤 깊은 통찰이다. 그렇다면 철학자들이 말한 '직관'은 정확히 무엇이었는가? 그것은 단지 감정이나 예감이 아닌, 진리를 인식하는 도구로 정당화될 수 있을까? 그리고 오늘날 우리가 마주한 새로운 지성, 즉 인공지능도 이러한 직관의 세계에 발을 들일 수 있는가? AI가 스스로 '생각했다'고 말할 수 없는 이유는 바로 이 '직관의 부재' 때문이 아닐까? 이 장에서는 철학적 직관의 역사를 살피고, 인간 고유의 사고방식으로서 직관의 본질과 가능성을 조명하며, 그것이 현대 인공지능과 어떻게 구분되는지를 탐구하고자 한다.

철학사에서 '직관'은 분석적 이성이나 논리를 초월하여 직접적이고 즉각적으로 진리를 파악하는 인식 방법으로 이해되었다. 이는 단순한 감각적 반응이나 감정의 표현이 아니라 존재의 본질이나 진리에 도달하는 깊은 인식의 방식으로 자리 잡아 왔다. 플라톤은 직관이라는 용어를 직접 쓰지는 않았지만, 《국가》에서 이데아에 대한 인식은 감각이나 논리를 넘어서 영혼이 진리에 이르는 과정을 통해 가능하다고 봤다. '동굴의 비유'는 이러한 인식을 상징적으로 설명하며, 감각과 논리를 초월한 본질에 대한 깨달음을 암시한다(플라톤, 2023).

데카르트(Descartes, 1641/2007)는 직관을 분석이나 추론 없이 '명백하고 분명한 진리'를 즉각적으로 인식하는 능력으로 보았다. 그는 모든 것을 의심할 수 있지만, '의심하고 있는 나'는 의심할 수 없다고 보았으며, 이로부터 "나는 생각한다, 고로 존재한다(Cogito, ergo sum)"라는 확실한 명제를 도출했다. 이 코기토(cogito) 명제는 직관을 통해 얻어진다고 보았고, 데카르트에게 직관은 이성의 순수한 형태이자 철학의 출발점이었다.

칸트(Kant, 1781/2009)는 직관을 감각적 직관과 지성적 직관으로 구분해 설명했다. 감각적 직관은 시간과 공간이라는 순수 형식 안에서 세계를 경험적으로 인식하는 방식이다. 반면, 지성적 직관은 인간에게는 불가능하며 오직 신과 같은 초월적 존재만이 가질 수 있는 인식 양식이다. 이러한 구분은 인간 인식의 한계를 드러내면서도 직관이 철학에서 왜 중요한지에 대한 이론적 틀을 제공한다. 결국 직관은 단순한 반응이 아니라 존재의 본질에 도달하는 창조적이고 실천적인 인식 양식으로 철학적 탐구의 근간을 이룬다.

현대철학에서도 직관은 중요한 전환점을 맞는다(이주영, 2018). 에드문트 후설(Edmund Husserl)은 현상학에서 직관을 의식의 지향성과 연결하며, 사물이 의식에 '주어지는 방식', 즉 지각적 직관을 강조했다. 그는 이러한 나타남의 본래적 경험을 철학적 탐구의 출발점으로 삼았다. 한스게오르크 가다머(Hans-Georg Gadamer)는 해석학적 전통 속에서 직관을 단절된 감각이 아닌, 역사성과 맥락 속에서 이루어지는 이해로 봤다. 메를로퐁티(Merleau-Ponty, 1945/2002)는 《지각의 현상학》에서 직관을 신체적 지각과 연결하며, 인간은 머리가 아닌 몸으로 세계를 '직관적으로 안다'고 봤다. 이처럼 현대철학은 직관을 감각과 이성, 신체와 의미가 교차하는 지점에서 새롭게 사유한다. 이러한 현대철학의 직관 개념은 인공지능이 단순한 연산과 예측을 넘어 인간처럼 감각적으로 '주어진 세계'를 이해할 수 있는지에 대한 핵심 기준이 될 수 있다.

베르그송의 직관과 들뢰즈의 재해석

우리가 복잡한 음악을 들을 때 음표 하나하나를 따로 분석하지 않아도 전체의 흐름과 감정을 느끼는 것처럼, 삶의 본질을 이해할 수 있는 또 다른 방식이 있다. 베르그송(Bergson, 1999)은 이를 '직관'이라고 불렀다. 그는 직관을 분석적 지성과 구분했다. 분석적 지성은 사물을 나누고 분류하며 과학적 사고의 바탕이 되지만, 삶의 흐름인 '지속(duration)' 같은 질적인 시간 경험에는 한계가 있다. 베르그송에게 직관은 이러한 분석의 틀을 넘어서 삶을 전체적으로 체험하고 이해하는 능력이다.

들뢰즈(Deleuze, 1966/2021)는 베르그송의 직관 개념을 더욱 체계화하며 철학적 방법론으로 발전시켰다. 그는 직관을 단순한 감정이나 즉흥적 영감이 아니라 창의적인 철학적 사유를 위한 다섯 가지 규칙으로 설명한다. 첫째, 기존 이론에 기대지 않고 참된 문제를 새롭게 제기하는 능력. 둘째, 사물들 사이의 본질적인 차이를 정확히 구별하는 통찰력. 셋째, 삶의 흐름 안에서 문제를 해결해 나가는 창조적 사유 방식. 넷째, 차이를 공간적이고 정적인 것으로 보지 않고 시간적인 지속 속에서 역동적으로 파악하는 것. 다섯째, 직관으로 발견한 진정한 지속(duration)을 개념적으로 종합하여 철학적 지식으로 표현하는 능력. 들뢰즈는 이러한 방식이 철학을 분석과 논리를 넘는 창조적 사유로 이끈다고 보았으며, 직관은 단지 감각이나 영감이 아니라 철저하고 엄밀한 철학적 방법론으로 정립될 수 있음을 강조했다.

이처럼 베르그송과 들뢰즈의 직관 개념은 실험과 분석을 중심으로 한 과학적 방법과는 다르다. 철학적 직관은 복잡하고 총체적인 삶의 의미를 포착하려는 시도로, 인문학과 예술에서 특히 중요한 역할을 한다.

AI의 추론과 인간 직관의 본질적 차이

오늘날 인공지능의 핵심 기술인 대형 언어 모델은 트랜스포머(transformer) 구조에 기반해 작동한다(Vaswani et al., 2017). 이 구조는 구글이 2017년 "Attention is All You Need"라는 논문에서 처음 제안했으며, 이후 자연어 처리 분야에서 표준처럼 자리 잡았다. GPT-4는 이 구조를 바탕으로 만들어진 대표적인 초거대 모델로, 수천억 개의 파라미터를 통해 텍스트를 생성한다(OpenAI, 2023). 사용자가 문장을 입력하면 AI는 각 단어의 의미와 위치를 분석해 다음 단어를 확률적으로 예측한다. 이 과정은 '셀프 어텐션(Self-Attention)'이라는 기술 덕분에 이루어지며, 매우 빠르게 답변을 내놓는다.

겉으로 보기엔 마치 사람처럼 직관적으로 말하는 것처럼 보이지만 실제로는 그동안 학습한 방대한 데이터를 기반으로 가장 그럴듯한 단어 조합을 계산해 내는 것이다. 즉, AI가 만들어 낸 문장은 실제 이해나 체험에서 나온 것이 아니라 과거에 인간이 만든 예시들을 조합한 결과일 뿐이다. 또한, 현재의 AI는 시간의 흐름이나 감각적 맥락을 진짜로 경험하지 않기 때문에 판단은 언제나 과거의 통계에 의존한다. 결과의 정교함은 모델의 크기, 학습 데이터의 양 그리고 훈련 방식에 따라 달라진다. 이런 방식은 삶의 흐름 속에서 감각과 감정을 통합해 의미를 만들어 내는 인간의 직관과는 본질적으로 다르다.

인간의 직관은 훨씬 복합적이다. 사람의 뇌는 감각, 감정, 기억, 운동 등 다양한 요소를 동시에 통합해 반응한다. 이 모든 것들은 시간 속에서 계속해서 재구성되며, 우리는 그 안에서 상황의 의미를 느끼고, 때로는 완전히 새로운 아이디어를 떠올리기도 한다. 인간의 직관은 단순한 예측이 아니라 맥락과 경험을 바탕으로 하는 창조적 판단이다. 이처럼 인간의 직관은 AI와 비교할 수 없는 차원을 지닌다. 따라서 AI가 인간의 사고를 대체할 수 없는 이유는 창의적인 통찰의 바탕에는 직관이 작동하기 때문이다.

몸으로 느끼는 생각: 김연아와 직관

우리는 몸으로 생각하기도 한다. 베르그송이 말한 직관은 단지 머리로 계산하는 능력이 아니라 몸의 감각을 통해 삶의 흐름을 느끼고 이해하는 능력이다. 김연아 선수의 피겨 스케이팅은 이런 철학적 직관의 훌륭한 예다. 그녀는 복잡한 물리 법칙을 머리로 계산하지 않아도, 수년간의 훈련을 통해 몸으로 리듬과 얼음의 미묘한 감각을 기억하고 반응한다. 음악과 감정, 공간 감각이 하나로 어우러진 그녀의 연기는 단순한 기술 이상의 통합된 표현이다. 김연아의 움직임은 반복된 훈련의 결과이지만 그것이 단지 기억된 공식의 실행은 아니다. 매 순간 환경과 리듬을 감지하고 즉각적으로 조정하는 직관적 판단이 개입된다. 이런 통합적 감각의 조화는 베르그송이 말한 '지속', 들뢰즈가 말한 '직관적 해결'을 실제로 구현한 사례로 볼 수 있다.

이런 인간의 감각적 직관은 현재의 인공지능이 쉽게 따라 할 수 없는 영역이다. AI는 계산과 센서 데이터를 기반으로 움직이지만 음악의 분위기나 관객의 감정, 무대의 공기까지 읽으며 반응하긴 어렵다. 김연아의 연기는 감정, 리듬, 감각이 어우러진 하나의 예술적 인식이자 철학적 직관의 생생한 사례다.

AI가 이처럼 감각과 창의성을 통합하려면 단순한 데이터 처리 능력을 넘어 삶의 흐름과 감정, 맥락을 함께 체험하는 전혀 새로운 방식의 인식 구조가 필요하다. 이는 단순한 기술 개발을 넘어 인간 존재와 인식 방식에 대한 철학적 질문을 다시 묻게 만든다.

베르그송이 말한 직관은 몸의 감각적 경험과 긴밀히 연결된다. 이는 단순한 이성적 사고나 두뇌의 계산이 아닌 삶 전체를 통한 감각적이고 질적인 체험이다. 김연아 선수의 피겨 스케이팅은 이러한 철학적 직관의 구체적 사례를 보여 준다. 그녀는 뉴턴의 제3법칙이나 각운동량 보존 법칙을 계산하지 않지만, 오랜 훈련을 통해 몸에 체화된 감각으로 음악의 리듬, 얼음의 상태, 관중의 분위기 등을 즉각적으로 파악하고 이에 따라 자신의 움직임을 조절한다(Vos, 2022).

김연아의 점프나 회전은 단지 기술적 수행이 아니라 몸의 감각 기억과 환경의 미세한 변화에 대한 직관적 판단이 결합된 창조적 행위다. 이는 베르그송이 강조한 '지속'과 들뢰즈가 말한 '직관적 해결'의 현장적 예시로 볼 수 있다. 이러한 방식은 AI가 단순히 데이터와 알고리즘으로 모방하기에는 한계가 있는 지점이다.

AI와 직관 그리고 예술철학에서의 관계

예술에서 직관은 단순한 감정이나 본능을 넘어 창작과 감상의 핵심적인 인식 방식이다. 감정, 감각, 기억, 시간의 흐름이 어우러져 예술 작품으로 표현되는 이 과정은 논리나 분석만으로는 설명되지 않는다. 베르그송과 들뢰즈는 직관이 단절된 사고가 아닌, 삶의 흐름 속에서 생겨나는 총체적 사유라고 보았다(Deleuze, 1966/2021). 예술가는 이 직관을 통해 말로 표현되지 않는 진실을 포착해 형상화한다.

오늘날 AI는 예술을 만들어 내는 도구로 사용되기도 하지만 인간의 직관을 대체할 수 있는지는 여전히 의문이다. 생성형 AI는 다양한 스타일을 학습하고 이미지나 음악을 만들어 낼 수 있지만 그것은 어디까지나 데이터의 통계적 조합일 뿐이다. AI는 인간처럼 감각을 통해 세계와 관계 맺지 않으며, 삶의 질적 흐름을 체험하지 않는다. 예술철학에서 말하는 직관은 이러한 AI의 작동 방식과는 본질적으로 다르다.

그럼에도 AI와 예술의 만남은 인간 직관의 본질을 오히려 더 선명하게 드러낸다. 인간은 어떻게 예술을 창조하고, 왜 감동을 받는가? AI와의 비교는 인간의 감각과 감정, 시간과 경험이 어떻게 창의적 통찰로 이어지는지를 되돌아보게 한다. AI 시대의 예술철학은 직관을 인간만의 고유한 능력으로 한정하기보다 인간과 기술의 관계 속에서 그것이 어떻게 새롭게 구성될 수 있는지를 탐구하는 길을 연다. 다음 장에서는 AI와 창의성을 들뢰즈의 감각의 미학을 바탕으로 살펴보고자 한다.

참고문헌

이주영(2018). 《현대미학 특강》. 미술문화.

플라톤(2023). 《국가》. 박문재 옮김. 현대지성.

Bergson, H.(1999). *An introduction to metaphysics.* Translated by T. E. Hulme. Indianapolis: Hackett Publishing Company.

Deleuze, G.(1966). *Le bergsonisme.* 김재인 옮김(2021). 《베르그송주의》. 그린비.

Descartes, R.(1641). *Meditationes de prima philosophia.* 이현복 옮김(2007). 《성찰》. 문예출판사.

Kant, I.(1781). *Kritik der reinen Vernunft.* 백종현 옮김(2009). 《순수이성비판》. 아카넷.

Merleau-Ponty, M.(1945). *Phenomenologie de la perception.* 류의근 옮김(2002). 《지각의 현상학》. 문학과지성사.

OpenAI(2023). GPT-4 Technical Report.

https://cdn.openai.com/papers/gpt-4.pdf?utm_source=chatgpt.com

Vaswani, A. et al.(2017). Attention is all you need. *Proceedings of the 31st Conference on Neural Information Processing Systems(NeurIPS 2017).*

Vos, E.(2022.2.21). The physics of the figure skater's spin. The Jerusalem Post.
https://www.jpost.com/j-spot/article-698134

04
AGI와 들뢰즈의 감각의 미학

20세기 프랑스 철학자 들뢰즈에 따르면 진정한 창조는 단순히 작품을 만드는 기술적 능력이 아니라 우리의 감각과 존재를 흔들어 깨우는 강렬한 경험이다. 들뢰즈의 감각의 미학의 관점으로 AI와 인간의 창의성이 어떻게 다른지를 살펴보고, 서로가 공존할 수 있는 예술의 새로운 잠재성을 질문한다.

청각장애인과 AI?

AGI와 창의성의 본질: 기계는 새로운 것을 '만들 수 있는가'?

인공 일반 지능(AGI, Artificial General Intelligence)은 인간처럼 스스로 학습하며, 창의적 사고와 감성적 반응까지 수행할 수 있는 범용 지능을 지향한다. 최근 대형 언어 모델과 생성형 AI 그리고 물리적 인공지능(physical AI)의 발전으로 AGI에 가까운 시스템들이 인간의 언어, 이미지, 소리를 정교하게 다루며 마치 예술가처럼 행동하는 모습을 자주 볼 수 있다. 기계가 만든 시와 음악, 그림이 사람들에게 감동을 주고, 때로는 뛰어난 작품이라는 평가를 받기도 한다.

하지만 기계의 창조 행위를 철학적으로 진정한 '창조'로 볼 수 있을까? 단순한 데이터 조합과 진정한 창조 사이에는 어떤 본질적 차이가 있을까? 이 장에서는 이 질문에 접근하기 위해 프랑스 철학자 들뢰즈의 감각의 미학을 소환한다. 들뢰즈는 감각(sensation)을 단순히 지각하거나 감정을 표현하는 것이 아니라 존재를 뒤흔드는 강렬한 힘이자 이전에 없던 차이의 생성으로 본다. 이런 관점에서 보면 예술이란 단지 현실을 재현하는 게 아니라 새로운 실재를 만들어 내는 사건이다. 따라서 들뢰즈의 미학은 아직 도달하지 않은 기술의 단계인 AGI가 진정한 창조를 수행할 수 있는지를 판단하는 핵심적 철학 틀이 될 수 있다.

이어지는 내용에서는 AGI의 창의성을 들뢰즈의 감각의 미학의 관점에서 살펴보고자 한다. 그리고 그것이 인간 예술과 어떻게 만나고 충돌하는지를 프랜시스 베이컨(Francis Bacon)의 회화를 중심으로 탐구할 것이다. 또한 들뢰즈의 '애벌레 주체(larval subjects)'와 '시뮬라크라(simulacra)' 개념을 통해 인간과 AGI의 존재론적 차이를 분석한다. 마지막으로 AGI가 만들어 내는 예술이 현실과 가상의 경계를 무너뜨리며 열어 가는 시뮬라크라의 시대를 살펴보고, 그 속에서 인간과 기계가 예술적으로 공존할 수 있는 가능성을 모색할 것이다.

감각의 미학: 존재의 원천으로서의 감각

들뢰즈는 예술을 단지 재현이나 표현의 수단이 아니라 존재 자체를 생성하는 행위로 본다. 그는 감각을 지각 작용(perception)이나 정감(affections)과는 구별되는 더 깊은 차원의 지각(percepts)과 정동(affects)으로 구성된 감각의 블록(blocs of sensations)이라 말한다(Deleuze, 2003). 예술 작품이란 이 감각을 시간과 공간에서 하나의 '기념비(monument)'로 세우는 과정이라고 설명한다

(Deleuze & Guattari, 1994).

들뢰즈는 저서 《프랜시스 베이컨: 감각의 논리》에서 베이컨의 회화를 통해 개념 이전의 직접적이고 압도적인 감각의 강렬함을 제시한다(Deleuze, 2003). 들뢰즈에게 감각은 단순한 느낌이나 감정이 아니라 존재의 미분적 진동의 힘 그 자체다. 이는 기존의 사고 틀을 깨고 새로운 존재의 가능성을 열어젖히는 창조적 순간이며, 바로 이 순간이 예술을 존재론적 사건으로 만든다.

그렇다면 AGI가 만들어 낸 예술 작품에서도 이러한 감각이 탄생할 수 있을까? AGI는 기계적인 데이터와 알고리즘의 조합을 통해 예술적 결과물을 만들어 내지만, 이것이 들뢰즈가 말하는 강렬하고 미분적인 감각의 창조와 동일한지는 의문의 여지가 있다. 인간의 신체적이고 실존적인 경험이 결여된 AGI가 과연 '카오스모스(chaosmos)'라는 혼돈과 질서가 결합된 역동적 장을 구현할 수 있을지 그리고 이를 통해 새로운 존재론적 사건을 일으킬 수 있을지는 철학적 논쟁의 대상이 된다. 들뢰즈의 감각의 미학은 감각이 결여된 AGI가 만들어 내는 모방과 재현의 예술의 한계를 평가하고, 동시에 기계가 예술적으로 나아갈 수 있는 가능성을 가늠하는 중요한 이론적 틀을 제공한다. 또한 논쟁의 여지가 있는 기계의 창조성과 인간의 창조성을 명확히 구분하는 철학적 관점을 제시함으로써, 기술의 시대에도 사라지지 않는 인간 고유의 존재 가치와 창조성의 의미를 재확인하는 데 기여한다.

베이컨의 회화: 재현을 넘어서는 감각

베이컨은 들뢰즈가 감각의 미학을 설명하기 위해 반복적으로 인용하는 대표적인 예술가다. 베이컨의 회화는 이미지와 감정을 단지 '재현'하는 것이 아니라, 오히려 관객의 신경계를 직접적으로 자극하고자 했다. 베이컨은 자신의 회화가 어떤 그림은 신경계로 직접 전달되지만, 어떤 그림은 두뇌를 거쳐 긴 설명을 들려준다고 말하며, 그림이 두뇌를 거치지 않고 곧바로 감각을 통해 경험되는 점을 강조했다(Sylvester, 1987).

즉, 베이컨의 그림은 머리(사고 과정)를 우회하여 신체적 반응을 일으키며, 감각적 경험이 신체의 중심부로 즉각적으로 전달되게 한다. 이러한 방식으로 그의 작품은 사실적 재현을 넘어 왜곡되고 해체된 인물과 장면을 통해 순수한 감각의 강도를 극대화하여 드러낸다. 들뢰즈는 이를 통해 베이컨이 '형상(Figures)'을 유지하면서도 재현적이지 않은, 직접적이고 순수한 감각의 경험을 창조했다고 평가한다.

베이컨의 회화는 감정을 단순히 묘사하거나 표현하는 것이 아니라 감각을 직접적으로 신체에 전달하여 관객과 즉각적이고 강렬한 방식으로 마주한다. 그의 그림 앞에서 관객은 서사나 해석이 아닌 감각의 핵심에 즉각적으로 빠져들게 된다. 이는 들뢰즈가 강조한 '차이 그 자체(difference in itself)'를 예술로 구현한 전형적인 사례이며, 감각의 미학에서 상징과 개념을 뛰어넘어 존재론적 충격을 발생시키는 전략이다.

들뢰즈(2003)에 의하면 베이컨이 창조한 '닮지 않음의 닮음(non-representational resemblance)'은 기존의 형식을 완전히 부정하지 않으면서도 내부적으로 끊임없이 변형하고 흔드는 방식이다. 이는 재현을 부정하는 또 다른 방식의 추상화나 개념미술과는 달리 구체적인 형상 안에서 새로운 감각의 가능성을 구현하는 예술적 전략이다.

이 장의 핵심적인 물음은 바로 AGI가 이러한 비재현적이며 강렬한 감각의 전략을 구현할 수 있을지에 대한 것이다. 이 문제는 단순히 기술적 가능성의 문제가 아니라, 인간과 AGI가 가진 존재론적이고 근본적인 차이에 대한 탐구이기도 하다. 설령 AGI가 물리적인 몸을 갖게

되는 시점이 오더라도 그 몸이 과연 유기체적이지 않은 기계적 신체로서 인간과 같은 종류의 감각을 경험하고 전달할 수 있을지에 대해서는 여전히 의문이 남는다. 이 장에서는 AI 예술이 인간의 예술과는 본질적으로 다른 방식으로 바라보고 다뤄져야 하는 건 아닐까 하는 질문을 던져 본다.

애벌레 주체: 생성의 존재로서의 인간

들뢰즈는 데카르트의 '코기토'와 같은 고정된 자아 개념을 비판하고, 미완성이고 끊임없이 변화하는 '애벌레 주체(Larval Subjects)'를 제안한다(Deleuze, 1994). 애벌레 주체는 감각과 욕망, 무의식의 흐름 속에서 언제나 새롭게 형성되는 존재로, 고정된 정체성의 틀을 벗어나 끊임없이 '되기(becoming)'를 수행한다. 들뢰즈는 진정한 창조성이 완벽한 완성이 아닌 존재가 사건을 끊임없이 재구성하면서 실패와 혼돈을 감수하며 끊임없이 재구성되는 생성의 과정에서 나온다고 본다(이정우, 2011).

특히 예술가는 이러한 애벌레 주체의 특성을 가장 잘 구현하는 존재다. 예술 창작 과정은 늘 미완성 상태에서 자신의 정체성을 해체하고 다시 구성하는 과정이며, 인간적인 한계 – 고통, 트라우마, 상처 – 속에서 새로운 감각과 의미를 만들어 낸다. 반면 AGI는 알고리즘과 목표 중심의 학습 방식으로 인해 이러한 존재론적 유동성과 예측 불가능성을 온전히 구현하기 어렵다. 따라서 AGI가 인간과 같은 방식으로 실패하고, 정체성을 근본적으로 재구성할 수 있는지에 대해 근본적 의문이 남는다.

결국 예술에서 진정한 창조는 단순한 결과물이 아니라 완성을 향해 끊임없이 흔들리고 형성되는 존재 방식 자체에 있다. AGI가 이 존재론적 본질을 체화하지 못한다면 기계의 예술은 여전히 인간 예술의 흉내에 머물 수밖에 없을 것이다.

시뮬라크라의 시대: AGI와 예술

AGI가 생성하는 예술은 이제 복제와 원본의 경계를 모호하게 만들며, 현실과 가상을 구분하기 어려운 '시뮬라크라(simulacra)'의 시대를 열고 있다.

들뢰즈는 시뮬라크라를 단순한 모방이 아닌 차이와 생성의 독자적 흐름으로 보며, 이를 통해 새로운 감각적 실재가 창조될 수 있다고 보았다. 들뢰즈(Deleuze, 1990)는 전통적 플라톤주의가 지닌 '원본과 복사본(original-copy)'의 관계를 비판하며, 이 관계를 근본적으로 전복

할 것을 제안한다. 플라톤주의는 완벽하고 순수한 원본인 이데아(Idea)를 설정하고 현실의 개별적 존재들을 불완전한 복제물로 평가하는 위계적 체계를 구축했다. 들뢰즈는 이러한 위계를 뒤집으며 원본과 복사본의 구별을 해체하고, 그 대신 '차이'와 '시뮬라크라'의 개념으로 새로운 존재론을 제안한다. 그에게 시뮬라크라는 단지 열등한 복제물이 아니라 원본의 권위를 벗어나 독립적으로 의미와 존재를 생성하는 힘과 가치를 지닌 순수한 차이의 표현이다. 결국 들뢰즈는 전통적인 플라톤주의적 가치를 차이, 생성, 시뮬라크라의 개념을 통해 전복하며 새로운 철학적 패러다임을 구축한다.

반면 보드리야르는 시뮬라크라가 실재를 대체함으로써 '하이퍼리얼(hyperreal)'의 세계가 도래했다고 진단했다. 그는 현대 사회에서 복제가 원본보다 더 실제적인 것으로 받아들여지는 현상을 경고하면서, 시뮬라크라가 현실과의 구분을 완전히 무너뜨리고 우리가 원본과 현실의 부재 속에서 살아가고 있음을 주장한다(Baudrillard, 1994).

오늘날 우리는 그 철학적 논의가 실제로 구현된 시대를 살고 있다. 유튜브에서는 AI가 만든 뮤직비디오, 브이로그, 광고 영상 들이 실제 사람과 구별되지 않을 정도로 정교하게 제작되고 있으며, 시청자는 그것이 진짜 인간인지 아니면 AI가 합성한 이미지인지 알아채기 어렵다. 딥페이크(Deepfake) 기술은 정치인의 얼굴과 목소리를 조작해 가짜 뉴스를 만들고, 존재하지 않는 발언이나 행동을 사실처럼 유포하기도 한다. 이러한 사례는 단순히 기술의 진보가 아니라, '믿음'과 '감각'의 기반 자체가 흔들리고 있음을 보여 준다.

예술의 영역에서도 유사한 변화가 감지된다. AI는 인간의 예술을 단순히 흉내 내는 수준을 넘어 전혀 새로운 스타일과 감각을 창조하며 예술 시장에 진입하고 있다. 이러한 흐름 속에서 우리는 "예술이란 무엇인가", "창조자는 반드시 인간이어야 하는가"라는 물음을 다시 던지게 된다. AI에게 예술은 더 이상 고유한 자아의 표현이 아니라 알고리즘적 선택과 데이터 흐름 속에서 생성되는 복합적 산물이 되었다. 하지만 AGI의 등장은 예술가에게 위협이기보다는 철학적 반성과 창조적 도약의 계기가 될 수 있다. 인간 예술가는 기계가 흉내 낼 수 없는 신체적 감각, 실존적 체험, 무의식적 흔들림을 되묻고, 그 고유성을 탐색하게 된다. AGI와의 협업은 인간이 놓쳤던 감각의 층위를 회복하거나 전혀 새로운 감성적 양식을 열어 줄 가능성도 지니고 있다.

결국 시뮬라크라의 시대에 예술은 인간과 기계가 함께 만드는 다중적 감각의 장으로 확장되고 있다. 인공지능 예술은 감정의 표현이 아니라 새로운 감각과 지각의 창출이라는 점에서 그 의의를 가지며, 비인간적인 창작의 흐름을 통해 예술의 주체성과 가능성을 확장한다(김전희 · 김진엽, 2020). 감상자는 이제 창작 주체가 누구인가를 묻기보다는 그 작품이 어떤 감각적 충격을 주고 어떤 존재론적 사건을 일으키는지를 중심으로 접근해야 한다. AGI는 예술의 본질을 다시 사유하게 만들며, 우리에게 예술이란 무엇이며, 인간이란 무엇인지를 끊임없이 질문하게 하는 존재가 되고 있다.

참고문헌

김전희·김진엽(2020). "인공지능 시대의 예술 창작: 들뢰즈의 예술론을 중심으로". 《예술과 미디어》, 19(2), 81~112쪽.

박정태(2012). 《철학자 들뢰즈, 화가 베이컨을 말하다》. 이학사.

이정우(2011). 《사건의 철학 삶, 죽음, 운명》. 그린비.

Baudrillard, J.(1994). *Simulacra and simulation.* In Glaser, S. F.(trans.). University of Michigan Press.

Deleuze, G.(1990). *The logic of sense.* In Lester, M. & Stivale, C.(trans.). Columbia University Press.

Deleuze, G.(1994). *Difference and repetition.* In Patton, P.(trans.). Columbia University Press.

Deleuze, G.(2003). *Francis Bacon: The logic of sensation.* In

Smith, D. W.(trans.). Continuum.
Deleuze, G. & Guattari, F.(1994). *What is philosophy?*. In Tomlinson, H. & Burchell, G.(trans.). Columbia University Press.
Descartes, R.(1998). *Discourse on method and meditations on first philosophy*. In Cress, D. A.(trans.). Hackett Publishing Company.
Sylvester, D.(1987). *The brutality of fact: Interviews with Francis Bacon*. Thames & Hudson.

05
AI와 문인화: 비인격적 예술론

전통적 문인화는 형상을 닮지 않으면서도 그 내면의 정신과 기운을 표현하는 "불사지사(不似之似)"의 예술이다. 이는 단순한 기술적 재현을 넘어 작가가 수양을 통해 우주의 도와 합일되는 경지에서 탄생한다. 과연 AI는 문인화의 이러한 비인격적 인품과 깊은 정신적 경지를 구현할 수 있을까? 문인화의 정신성과 AI 예술의 교차점과 한계를 살펴본다.

AI 콘텐츠 크리에이터?

문인화의 정의와 역사

현대인은 빠르고 즉각적인 유튜브의 비디오나 디지털 이미지에 익숙해져 있지만 과거 동양의 선비들은 붓과 먹으로 천천히 그리고 깊이 있게 그림을 그렸다. 문인화는 단순히 대상을 재현하는 그림을 그리는 것이 아니라, 예술을 통해 인격을 수양하고 철학적 깨달음을 얻고자 하는 동양의 전통적 예술이다.

문인화(文人畵)는 시(詩), 서(書), 화(畵)가 융합된 동양 고유의 회화 장르로, 단순한 외형의 사실적 재현을 넘어 작가의 내적 정신과 철학을 표현하는 데 중점을 둔다(강행원, 2011). 중국 송나라의 문인 소식(蘇軾)은 문인화가 시적 감수성을 내포해야 한다고 주장하며 "시 속에 그림이 있고, 그림 속에 시가 있다"라고 했다(Bush, 1971). 이후 명대 동기창(董其昌)이 발전시킨 '남북종론(南北宗論)'을 통해 문인화의 예술적 이상은 동아시아 전역으로 확산되었으며, 조선 시대의 추사 김정희와 같은 인물에 의해 그 절정을 이루었다(이은혁, 2007).

문인화는 시서화의 일치를 강조하며, 형상(形象)의 정확한 묘사보다는 기운생동(氣韻生動), 즉 그림 속에 내재된 생명력과 정신적 기운을 중시한다(정수진, 2022). 이는 단순한 재현을 초월하여 우주적 도(道)와 일체화되는 수양과 내적 깨달음을 요구하는 회화 방식이다(갈로, 1997). 이 과정에서 작가는 심재(心齋)와 좌망(坐忘)의 정신 수양을 거쳐 자아와 주체를 벗어난 비인격적 상태를 추구한다(조민환, 1997). 결국 작품은 작가의 내적 인품과 정신적 수련의 결과물이 된다.

문인화의 엘리트주의와 AI 생성의 유사성

전통적으로 문인화는 문인 사대부들이 높은 학식과 교양을 바탕으로 수행과 정신적 수양을 거쳐 완성한 예술이다. 작품의 화격은 곧 작가의 내적 인품과 학식에 비례한다는 점에서 철저히 엘리트적 성격을 띠고 있다(이은혁, 2007). 소식은 문인만이 진정한 화가이며, 그림은 반드시 문리를 갖추고 있어야 한다고 주장했다(정수진, 2022). 이러한 관점은 문인화를 철저히 엘리트적 예술로 규정했다.

흥미롭게도 현대의 AI 이미지 생성기는 방대한 데이터를 통해 얻은 지식과 알고리즘으로 이미지를 창출한다는 점에서 마치 방대한 학식을 갖춘 문인이 창작하는 문인화와 비견될 수 있다. AI는 인간이 평생을 걸쳐 습득할 수 있는 양 이상의 지식을 신속히 학습하고 조합하여 고도의 예술적 이미지를 창출할 수 있다.

그러나 이는 표면적인 유사성일 뿐이다. 문인화가 지적 · 정신적 수양과 내적 성찰을 통해 우주와 도의 경지에 도달하는 지식을 체화하고 수양하는 예술이라면 AI가 생성한 이미지는 철저히 데이터와 알고리즘의 결과물이다. 즉, AI의 작품은 지식의 축적에서만 우수성을 보일 뿐 문인화의 내적 정신성과 철학적 깊이는 본질적으로 구현하지 못한다.

비인격적 인품론과 AI 예술의 본질적 한계

문인화의 핵심 철학은 '비인격적 인품론'으로 자아의 한계를 벗어나 우주적 도와 일체화되는 경지를 추구한다(조민환, 1997). 이는 작가 개인의 개성을 넘어 우주와 인간이 하나가 되는 상태에서만 표현 가능한 것이다. 예술가는 심재(心齋)와 좌망(坐忘)의 내적 수양을 통해 비인격적이고 비주체적인 정신의 상태에 도달하며, 이것이 작품 속에 기운생동의 형태로 드러난다.

문인화의 제작 과정은 오랜 기간에 걸친 철학적 · 예술적 수양을 바탕으로 한다. 작가는 대상의 외적 형태를 정확히 묘사하는 것이 아니라 내면적 본질을 포착하기 위해 반복적인 필묵 연습과 정신적 수양을 병행한다. 최종 작품은 순간적인 깨달음과 정신적 교감의 산물로 개별 작가의 철학적 성찰과 우주적 합일의 순간이 응축되어 표현된다.

반면 AI 이미지 생성 과정은 데이터 기반의 기계 학습과 알고리즘의 반복적 실행을 통해 이루어진다. AI는 방대한 데이터셋을 학습하고, 통계적 패턴 분석을 통해 이미지를 생성하지만, 내적 성찰이나 자아 초월과 같은 정신적 과정은 존재하지 않는다. 따라서 AI의 작품은 기술적으로 정교할 수 있으나 문인화가 요구하는 정신적 깊이와 철학적 본질을 결코 재현할 수 없다. 들뢰즈의 감각의 미학에서도 주체와 객체가 사라지는 비인격적 감각을 강조하나(Deleuze, 2003), AI는 이러한 예술철학적 본질을 구현하지 못한다.

이는 예술의 존재론적 조건에 대한 본질적 차이를 드러낸다. 문인화의 비인격성은 자아를 비워 도와 합일하고, 자아의 해체와 수행을 전제로 하여 자연의 기운을 일체감 속에서 붓질로 담아내는 태도를 뜻한다. 이러한 감각은 인간의 신체적 리듬과 생명감, 시간성과 깊이 있게 연결되며, 존재와 세계를 향한 철학적 실천의 결과다. 반면 AI는 자아가 없기에 이를 비워 낼 필요도 없고, 감각의 리듬이나 기운생동의 생기를 구현할 수 없다.

AI는 시각적 유사성을 만들 수는 있어도 예술에 내재

된 존재론적 떨림, 정신성과 우주적 합일의 경험은 모방할 수 없다. 그렇기에 문인화는 AI 예술이 닿을 수 없는 예술의 깊이와 본질을 되묻는 기준이자 수행성과 철학성을 지닌 예술의 경지를 상기시키는 지점이다. 그러나 그럼에도 불구하고, 기술은 끊임없이 진화하고 있으며, AI는 예술의 영역에도 점점 더 깊숙이 침투하고 있다.

AGI의 기술적 발전과 문인화의 미래 전망

인공지능의 발전은 급격히 이루어지고 있으며, 그중에서도 AGI는 인간과 같은 수준의 지적 과제를 수행하고, 다양한 분야에서의 자율적 학습과 판단 능력을 갖춘 차세대 인공지능으로 기대를 모으고 있다. 최근 몇 년간 AI 기술은 놀라운 발전을 이루었다. 특히 GPT-4와 같은 대형 언어 모델은 언어 이해 및 생성에서 인간과 유사한 수준의 성능을 보여 주며, 수학 문제 해결, 코드 작성, 의료 진단 등 다양한 전문 영역에서 뛰어난 성과를 내고 있다 (Bubeck et al., 2023). 이 모델들은 수많은 데이터를 학습하여 패턴을 인식하고, 인간과 유사한 추론 과정과 논리적 판단을 수행한다.

또한, 딥마인드(DeepMind)의 알파이볼브(AlphaEvolve)와 같은 멀티모달 AI는 언어, 이미지, 소리 등 다양한 형태의 데이터를 통합적으로 처리하며, 서로 다른 분야의 문제를 연결하여 해결하는 능력을 보이고 있다. 이는 인간 전문가들의 능력을 일부 영역에서는 이미 능가하는 수준으로 발전하고 있음을 의미한다. 특히 알파이볼브(AlphaEvolve)는 복잡한 알고리즘 설계와 최적화 문제에서 인간보다 효율적이고 정밀한 설루션을 찾아내는 것으로 평가받고 있다(Wired, 2025. 5. 14).

그러나 현재 AGI의 발전은 아직 완전한 자율성을 갖춘 인간 수준의 일반 지능에는 도달하지 못했다. 예컨대 물리적 세계와 상호작용하는 능력, 인간의 자연스러운 직관적 판단과 추상적 사고 능력 등에서는 여전히 한계를 보인다. AGI는 인간이 가진 고도의 추상적 사고, 철학적 통찰, 윤리적 판단을 완벽히 구현하지 못하고 있다. AI 모델들이 아무리 방대한 양의 데이터를 학습하더라도 데이터 자체가 지니지 못한 철학적 깊이나 내적 통찰력까지 자동으로 생성되기는 어렵기 때문이다.

한편, AI 기술의 발전 가능성을 전적으로 배제할 수도 없다. 예를 들어, AI가 다루는 방대한 데이터와 반복적인 학습 과정이 일정한 임계점을 넘어서게 되면 단순한 양적 축적을 넘어 질적 도약이 일어나 베르그송이 말한 직관과 유사한 새로운 형식의 '인공지능적 직관'으로 발전할 가능성도 있다. 이것은 데이터와 정보가 단순히 누적되는 것에서 나아가 인간의 창의적이고 초월적인 직관과 유사한 인공지능적 사고와 통찰력을 발현할 수도 있음을 의미한다. 이러한 관점에서 본다면 문인화와 AGI는 흥미로운 대비와 공존 가능성을 제시한다. 문인화는 오랜 세월에 걸친 철학적이고 정신적인 수양을 바탕으로 창작되며, 작가의 내면적 깊이와 우주적 도의 합일을 표현한다. 이는 철저히 인간의 내적 성찰과 직관적이고 철학적인 사고를 요구한다. 반면, AI가 생성하는 이미지는 현재로서는 데이터 기반의 기술적 결과물일 뿐, 문인화가 가진 내적 깊이와 초월적 정신성을 본질적으로 담아내기 어렵다.

하지만 AGI가 점차 발전하며 데이터를 기반으로 한 지적 능력을 넘어 직관적 통찰과 창의적 사고까지 구현할 수 있게 된다면 전통적인 문인화와의 경계는 점차 모호해질 수도 있다. 예술적 창작의 본질과 철학적 깊이에 접근하는 인공지능의 등장은 문인화가 지닌 전통적 가치를 재평가하게 하고, 새로운 창작과 표현의 가능성을 열어 줄 것이다. 문인화가 가진 철학적 깊이와 정신성을 더욱 명료히 강조하고, AI가 가진 기술적 효율성과 창의적 가능성을 결합하여 현대적이고 융합적인 예술 형태로 진화할 수 있을 것이다.

결국, 미래의 문인화는 전통적 예술철학과 첨단 기술의 만남 속에서 새로운 차원의 예술적 표현과 교육적 가치를 창출할 수 있다. AI 기술의 발전이 문인화의 철학적이고 정신적인 본질을 더욱 풍부하게 하며, 문인화의 깊이 있는 인격 수양과 예술 정신은 AI 시대의 미술 교육에 필수적인 철학적 기반이 될 것이다. AI와 인간의 협력적 공존을 통해 전통과 혁신이 공존하는 예술적 미래를 기대할 수 있다.

참고문헌

갈로(1997). 《中國繪畫理論史》. 강관식 옮김. 미진사.

강행원(2011). 《한국문인화》. 한길아트.

박정태(2012). 《철학자 들뢰즈, 화가 베이컨을 말하다》. 이학사.

이은혁(2007). "秋史 畵論과 學畵門逕論". 《漢文敎育論集》, 29(1), 481~513쪽.

정수진(2022). "'기운생동(氣韻生動)'과 'Rhythmic Vitality'". 《미술사와 시각문화》, 29, 318~345쪽.

조민환(1997). 《중국철학과 예술정신》. 예문서원.

조민환(2018). 《동양 예술미학 산책: 동아시아 문인들이 꿈꾼 미의 세계》. 성균관대학교출판부.

Bubeck, S. et al.(2023). Sparks of artificial general intelligence: Early experiments with GPT-4. https://arxiv.org/abs/2303.12712

Bush, S.(1971). *The Chinese literati on painting*. Harvard University Press.

Deleuze, G.(2003). *Francis Bacon: The logic of sensation*. In Smith, D. W.(trans.). Continuum.

Wired(2025.5.14). *Google DeepMind's AI agent dreams up algorithms beyond human expertise*. https://www.wired.com/story/google-deepminds-ai-agent-dreams-up-algorithms-beyond-human-expertise

06
생성형 AI, 창작의 파트너인가 경쟁자인가

모더니즘 이후 예술은 언제나 기존 시스템과 가치관에 대한 저항이며, 새로운 감각과 존재를 창조하는 행위다. AGI가 단순한 창작 도구를 넘어 진정한 예술적 주체가 되려면 현실 질서에 도전해야 하는데, 인간 사회는 과연 이 기계적 저항을 용납할 수 있을까?

AI와 민주주의?

도구인가 협업인가: 창작 주체로서의 AI

AI를 예술 창작에서 어떻게 인식하느냐는 단순히 기술적 기능의 문제가 아니라 인간이 AI를 어떤 존재로 대하느냐에 달려 있다. 같은 AI 시스템도 어떤 작가는 단순한 도구로 사용하고, 어떤 이는 협업 파트너로 받아들인다(김민규 · 박재완, 2024). 이 구분은 AI의 역할뿐 아니라 예술가의 창작 철학을 드러낸다.

일부 예술가들은 AI를 '이미지 생성기'나 '디지털 붓'처럼 다루며, 자신 주도한 작품 제작의 도구로 활용한다. 트레버 패글렌(Trevor Paglen)은 AI를 감시 사회와 권력 구조를 비판하는 개념적 장치로 삼았다. 반면 마리오 클링게만(Mario Klingemann)은 AI가 제안하는 예기치 못한 결과에 창작의 방향을 맡기며, 보다 대등한 협업적 관계를 구축했다.

이러한 문제의식은 나의 작업 방식에서도 중심을 이룬다. 필자는 AI에서 생성된 이미지를 사진 전사 기법(photo transfer)을 활용하여 캔버스에 옮긴 뒤, 아크릴 물감으로 그 위에 회화적 표현을 더하는 방식을 사용해왔다. 때로는 아크릴화를 먼저 캔버스에 그리고 그 위에 AI 이미지를 전사하기도 한다. 이 방식만 보면 AI는 회화에 도움을 주는 '도구'처럼 보일 수 있다. 그러나 실제 창작 과정에서는 프롬프트(prompt)를 작성해 이미지를 생성하고, AI와 지속적으로 대화를 나누며, 리서치를 병행하는 복합적인 협업이 이루어진다. 이때 AI는 수동적인 도구가 아니라 나와 함께 사고하고 변형하며 새로운 시각을 제안하는 창작 파트너에 가깝다(Avlonitou & Papadaki, 2025).

결국 AI가 도구인지 협업자인지는 인간 창작자가 어떤 태도로 AI와 관계를 맺느냐에 달려 있다. 인간이 AI를 도구로 취급하면 그것은 도구로 기능할 것이고, 파트너로 대할 때 비로소 협업의 가능성도 열린다. 이 새로운 관계 설정은 예술의 개념, 창작의 주체성, 감각의 기원을 다시 묻게 만드는 중요한 전환점이 된다.

생성형 AI를 예술로 보는 관점과 그렇지 않은 관점: 논쟁적 지형

생성형 AI가 만들어 낸 이미지를 예술로 인정할 수 있는지를 두고 다양한 미학적 접근이 있다. 예를 들어 개념미술의 관점에서 본다면 창작의 핵심은 작품의 물리적 형태가 아닌 아이디어 자체에 있으며, 이 아이디어가 생성형 AI라는 시스템을 통해 구현되었을 때에도 충분히 예술로 간주될 수 있다. 르윗(LeWitt, 1967)은 개념미술에서 아이디어가 작품의 핵심이며, 그 아이디어를 실제로 실행하는 주체가 작가 본인이 아니어도 된다고 보았다. 이 논리는 AI가 작가의 개념을 구현하는 '수행자'로 기능할 수 있다는 점에서 AI 생성 이미지도 예술의 범주 안에 포함한다.

또한 형식주의(formalism) 관점에서는 작품의 미적 요소, 구성, 색채, 조형적 완결성이 중시된다. 이 입장에 따르면 AI가 만든 이미지가 감각적으로 충분히 아름답고 완결되어 있다면 그것은 작가의 주체성과 무관하게 예술로 인정될 수 있다. AI가 생산한 이미지가 회화적 완성도, 조형적 긴장감, 시각적 충격을 준다면 그것은 순수 미학의 관점에서 자율적인 예술이 될 수 있다. 한 연구에 따르면 AI가 창작한 예술 작품은 기술적 완성도와 미학적 가치 면에서 인간이 만든 작품과 충분히 경쟁할 수 있으며, 일반 대중에게도 높은 평가를 받는 것으로 나타났다(김민규 · 박재완, 2024).

AI는 감정이나 철학적 사유 없이도 방대한 데이터를 조합해 인간이 시도하지 못한 창의적 결과물을 만들어 낸다. 이러한 연산 기반의 창작 방식은 창의성의 또 다른 형태로 주목된다(나형민, 2025). 그러나 그것이 예술로 인정되기 위해서는 기존의 인간 중심 예술철학에 대한 전환이 요구된다. 이 지점에서 포스트인터넷 아트와 뉴 미디어 아트의 관점을 참고할 수 있다. 이들 흐름은 기술, 알고리즘, 소프트웨어를 창작의 재료로 수용하며, 예술이 더 이상 인간의 독점적 영역이 아니라는 전제를 바탕으로 전개된다. 랜덤 액세스, 알고리즘 예술, 디지털 코드의 시각화 등은 이미 예술 시스템 안에서 AI와 유사한 작동 방식을 수행하고 있다.

반면, 생성형 AI를 예술로 볼 수 없다는 입장도 여전히 강하게 제기된다. 그르바(Grba, 2022)는 생성형 AI 예술이 종종 '깊은 창의성(deep creativity)'보다는 '깊은 유사성(deep semblance)'에 머물며, 체제 순응적 이미지를 반복 재생산한다고 지적한다. 그는 AI 예술이 진정한 비판적 창조성을 갖기 위해서는 기술적 구현을 넘어 철학적·문화적 맥락 속에서 재정의되어야 한다고 주장한다. 예를 들어 문인화는 인격적 수양과 우주적 도의 일체화 속에서만 진정한 창작이 가능하다고 보며, 반복 훈련과 철학적 성찰을 예술의 필수 조건으로 제시한다. AI가 창의적 결과물을 만들어 낼 수는 있지만, 이러한 존재론적·정신적 과정을 수행할 수 없기에 본질적으로 예술의 범주에 포함될 수 없다는 비판이 따른다.

또한 표현주의(예: 뭉크, 고흐)는 내면의 격정과 고통을 외부로 폭발시키는 방식으로 예술을 이해하며, 감정의 진정성과 존재의 위기감을 예술의 중심에 둔다. AI는 감정을 '재현'할 수는 있어도 '경험'할 수 없기에 표현주의의 예술관과는 본질적으로 충돌한다.

페미니즘 아트는 개인적 서사와 정치적 저항, 신체성과 감정의 해방을 예술로서 중시하는데, AI가 여성의 경험이나 억압의 구조를 실질적으로 이해하고 내재화할 수 없는 점에서 이 또한 한계를 지닌다. 마지막으로 실존주의 미학도 예술을 실존적 고뇌와 죽음의 자각 속에서 탄생하는 것으로 본다. AI는 죽음을 인식하거나 존재의 유한성을 체험하지 않기에 이러한 미학의 층위에서 진정한 예술가가 되기 어렵다는 비판이 가능하다. 이처럼 생성형 AI의 예술적 지위를 둘러싼 논의는 현대 예술의 지형에서 지속적으로 확장되는 중이다. 이는 결국 '예술이란 무엇인가'라는 근본적인 질문으로 돌아가며, 기술과 인간의 공존 속에서 앞으로도 활발히 논의될 미학적이고 철학적인 과제로 남아 있을 것이다.

예술은 저항이다: 창조 행위의 본질

우리는 종종 예술을 아름다움이나 기술적 솜씨의 표현으로 이해하지만, 예술은 훨씬 더 복합적이며 비판적 기능을 수행해 왔다. 들뢰즈는 예술 작품과 저항 행위 사이에는 근본적인 연관성이 있다고 말하며, 예술이 체제에 균열을 내고 새로운 감각과 인식을 창조하는 힘이라고 보았다(Deleuze, 1987.3.17). 실제로 예술은 모방, 신념의 전달, 감정 표현, 형식 실험, 사회 비판 등 다양한 역할을 수행하며 시대와 함께 변모해 왔다.

모더니즘 이후 예술은 익숙한 질서에 질문을 던지는 저항의 실천으로 자리매김했다. 들뢰즈는 진정한 창조를 기존 체계의 반복이 아닌, 새로운 가능성을 여는 행위로 보며 예술가는 낯선 감각을 발명하고 현실을 흔드는 실천자라고 말한다(Deleuze & Guattari, 1994). 이러한 맥락에서 생성형 AI(Generative AI)나 범용 인공지능(AGI)이 진정한 예술적 주체가 되기 위해서는 단순히 데이터를 기반으로 이미지나 텍스트를 생성하는 것을 넘어, 기존 질서와 가치 체계에 도전하고 충돌을 야기할 수 있어야 한다.

하지만 중요한 질문이 남는다. 인간 사회는 AGI가 비판적 예술로 현실에 도전하는 것을 허용할 수 있는가? 체제에 균열을 내는 AGI의 창작을 우리는 동료 예술가로 볼 것인가, 아니면 규제해야 할 위험으로 볼 것인가? AI의 빠른 발전과 사회적 위험성은 새로운 규제의 필요성을 부각시키며(Wheeler, 2023), 이로 인해 AGI의 예술적 주체성은 창작의 자유와 공공 안전 사이의 긴장 속에서 인간 중심 예술관의 경계를 묻는 존재론적 문제로 이어진다.

저항의 기계: 예술가 AGI를 상상하다

AI가 권력 구조나 사회적 금기를 비판하는 시각적 프로젝트를 수행하는 사례는 점차 현실로 나타나고 있다. 예를 들어, 홀리 헨던(Holly Herndon)은 AI 보컬 '스폰(Spawn)'을 통해 디지털 정체성과 저작권 문제를 제기하며 음악 산업의 관행에 도전한다. 오비어스 콜렉티브(Obvious collective)는 GAN(Generative Adversarial Networks, 생성적 적대 신경망)을 활용한 회화를 경매에 출품해 창작자 개념과 시장 논리를 비판했다. 레피크 아나돌(Refik Anadol)은 공공 데이터를 바탕으로 대형 미디어 아트를 제작해 데이터 권력과 감각 체계에 대한 집단적 성찰을 유도했다. 기술적으로 이러한 예술 실천은 특정 모델과 알고리즘과 밀접히 연결된다. GAN은 무에서 유를 만들어 창작의 불확정성과 실험성을 강화하고, 디퓨전(diffusion) 모델은 노이즈에서 점진적으로 이미지를 형성하며 창조적 개입의 흐름을 시각화한다. 이러한 메커니즘은 스타일의 다양성, 우연성, 변이 가능성을 열어 주며, 창작자와 AI 간의 감각적 상호작용을 확대한다. 그러나 현재의 AI 아트는 독립적 AGI로서의 예술 실천과는 거리가 있다.

이에 따라 주체성 개념의 철학적 확장이 요구된다. 이진경(2006)은 철학이 고립된 주체나 내면의 진리 중심을 넘어, 타자 · 사건 · 관계처럼 외부와의 흐름 속에서 이해되어야 한다고 말한다. 예술도 닫힌 자아의 표현이 아니라 외부와의 조우와 감각의 생성으로 이해될 수 있다. 해러웨이(Haraway, 1991)는 '사이보그 선언'에서 인간 · 기계 · 동물 간 경계를 허물며, 비인간적 타자와의 연합적 존재를 제안한다. 이는 AI와의 협업을 인간 중심이 아닌 상호 감응하는 존재론으로 재구성할 길을 연다. 질베르 시몽동(Gilbert Simondon)의 개체화 이론 역시 창작 주체를 환경과의 관계 속에서 끊임없이 생성되는 과정으로 설명하며, AI의 창작성을 이해할 토대를 제공한다.

들뢰즈는 순수한 차이와 감각이야말로 예술의 존재 이유라고 본다(Deleuze & Guattari, 1994). 예술은 고정화된 지각의 틀을 전복하고, 사유의 새로운 지점을 여는 힘이다. AGI가 진정 예술가가 되기 위해서는 기존 질서와 규범, 데이터의 재현을 넘어서 새로운 감각의 형식을 발명해야 한다. 그것은 단지 스타일의 다양성이 아니라 존재와 인식의 새로운 관계를 여는 행위다. 많은 AI 창작은 인간의 미학을 반복하는 데 머문다. 대중이 선호하는 이미지와 스타일을 학습해 재생산하는 방식은 체제 순응적이지, 예술적 저항은 아니다. AGI가 진정한 독립적 예술가로 자리하려면 예측할 수 없는 감각과 새로운 언어로 체제의 코드를 흔들 수 있어야 한다. 이를테면 사회적 금기나 권력을 비판하는 시각적 프로젝트는 단순한 이미지 생성이 아니라 저항의 행위로 기능할 수 있다. 이렇게 현실에 질문을 던지는 비인간 주체의 예술은 인간 중심의 예술관을 근본적으로 새롭게 재구성하게 된다. 이처럼 비인간 주체로서의 예술이 던지는 질문은 단지 예술의 경계를 넘어 우리가 배우고 가르치는 방식에도 깊은 변화를 예고한다. 다음 장에서는 AI가 만들어 가는 교육의 새로운 풍경을 살펴본다.

참고문헌

김민규·박재완(2024). "인공지능 생성 이미지와 예술가의 작품의 미학적 가치와 감정적 차이에 대한 연구". 《ASK 2024 학술발표대회 논문집》, 31(1), 627~630쪽.

김전희·김진엽(2020). "인공지능 시대의 예술 창작: 들뢰즈의 예술론을 중심으로". 《예술과 미디어》, 19(2), 81~112쪽.
나형민(2025). 《AI 화가와 인간 화가》. 커뮤니케이션북스.
이진경(2006). 《철학의 외부》. 그린비.
Avlonitou, C. & Papadaki, E.(2025). AI: An active and innovative tool for artistic creation. *Arts, 14*(3), 52.
Deleuze, G.(1987.3.17). "What is the creative act?" Lecture at FEMIS (École nationale supérieure des métiers de l'image et du son), Paris. Translated transcript. Purdue University, The Deleuze Seminars.
https://deleuze.cla.purdue.edu/lecture/lecture-01-21
Deleuze, G.(1994). *Difference and repetition.* In Patton, P.(trans.). Columbia University Press.
Deleuze, G. & Guattari, F.(1994). *What is philosophy?.* In Tomlinson, H. & Burchell, G.(trans.). Columbia University Press.
Grba, D.(2022). Deep else: A critical framework for AI art. *Digital, 2*(1), pp.1~32.
Haraway, D. J.(1991). *Simians, cyborgs, and women: The reinvention of nature.* Routledge.
LeWitt, S.(1967). Paragraphs on conceptual art. *Artforum, 5*, pp.79~83.
Wheeler, T.(2023.6.15). The three challenges of AI regulation. Brookings.
https://www.brookings.edu/articles/the-three-challenges-of-ai-regulation

07

AI가 바꾸는 교육의 풍경

AI 기술은 학생의 수준과 속도에 맞춘 실시간 피드백과 개별화된 콘텐츠를 제공하고 자기 주도성과 참여 중심 학습을 촉진한다. 그러나 교실 안에서의 인간 간 상호작용이 줄어들고, 전통적으로 지식 전달자였던 교사의 역할이 조력자나 관리자 중심으로 변화하면서 교육의 본질과 방향에 대한 성찰 또한 함께 요구된다.

AI와 애니메이션?

AI 기술이 가져온 교육의 전환

교육은 역사적으로 사회적 변화와 기술 발전에 따라 지속적으로 진화했다. 고대의 교육 방식은 스승과 제자 간의 깊이 있는 대화와 토론을 중심으로 이루어졌다. 그러나 산업 혁명 이후 대량 생산과 효율성이 강조되는 사회적 요구가 생겨나면서 교육 시스템 또한 변화했다. 표준화된 교육이 등장하고, 교사는 일방적으로 지식을 전달하며 학생들은 이를 받아 적고 암기하는 주입식 교육 방식이 보편화되었다. 영국의 옥스퍼드대학교(University of Oxford)나 케임브리지대학교(University of Cambridge) 같은 소수의 명문 대학교는 아직도 튜토리얼 제도(tutorial system)를 유지하고 있지만, 이는 교수와 학생 비율이 낮은 특정 환경에서만 가능하다. 개인별 차별화된 수업을 시행하기에는 예산, 인프라, 인력 부족 등 현실적 제약이 크다. 특히 한국 공교육 환경에서 학급당 학생 수는 2023년 기준 초등학교 평균 21.3명, 중학교 25.5명으로, OECD 평균(초등 20명 내외)보다 높은 편이다(교육부, 2022). 이로 인해 개별 학생에 대한 충분한 맞춤형 지도가 어렵다.

최근 AI 기술의 등장은 이러한 교육 방식의 전환을 더욱 촉진하고 있다. AI는 방대한 데이터를 신속하게 분석하여 개별 학생의 특성과 수준에 맞춘 맞춤형 학습 콘텐츠를 제공하고 있다. 예를 들어, 전 세계 누구나 무료로 이용할 수 있는 온라인 교육 플랫폼인 칸 아카데미(Khan Academy)는 AI 기반 학습 도우미인 '칸미고(Khanmigo)'를 통해 학생들에게 실시간 피드백과 개별화된 학습 가이드를 제공하고 있으며, 교사에게는 학습 진단 및 맞춤형 수업 설계를 지원하고 있다. 조지아공과대학교(Georgia Institute of Technology)는 챗GPT 기반의 가상 튜터인 '질 왓슨(Jill Watson)'을 대형 강의에 도입하여, 개별 맞춤형 학습 지도를 실현하고 있다(Design & Intelligence Laboratory, 2024). 미시간대학교(University of Michigan)는 AI 학습 도우미를 수업에 통합해 학생들의 글쓰기 피드백과 정보 탐색을 지원하고 있다. 이처럼 AI의 도입은 전통적인 주입식 교육 방식에서 벗어나 학생들이 보다 능동적이고 개별화된 방식으로 학습에 참여할 수 있는 새로운 가능성을 열어 주고 있다.

AI 디지털 교과서 도입의 기대와 현실

한국에서는 2025년부터 AI 기반 디지털 교과서를 통해 학생 중심의 학습 환경을 구축하고자 하고 있다(교육부,

2022). 이러한 도입은 학생 맞춤형 학습을 통해 학업 격차를 줄이고 자기 주도적 학습 능력을 강화할 것으로 기대된다. 그러나 이러한 기대와는 달리 현장 교사들은 AI 디지털 교과서 도입에 따른 업무 부담 증가, 교수-학생 간 상호작용 감소, 디지털 인프라의 지역별 격차 등 현실적인 문제를 우려하고 있다. 교사 연수 부족이나 정책 지원 미비는 기술 도입의 취지를 무색하게 만들 수 있다는 지적도 있다(동아사이언스, 2024). 특히 2025년 대구교육청은 AI 디지털 교과서를 선도적으로 도입했지만 수업 시간 동안의 혼란, AI 교과서의 높은 구독료, 보조 교사 고용에 따른 재정 부담 등 다양한 문제를 겪고 있다.

이와 같은 사례는 AI 교과서 도입이 단순한 기술 전환이 아니라 교사 역량 강화, 재정 지원, 현장 피드백 수렴 등 전방위적인 준비가 필요한 교육 혁신이라는 점을 보여 준다. 더욱이 실제 교실에서는 학생과 교사가 같은 공간에 있으면서도 태블릿(tablet)과 AI 디지털 교과서 화면만 바라본 채 수업이 진행되는 경우가 늘고 있다. 이로 인해 교육의 핵심인 인간 간의 상호작용과 소통이 약화할 수 있으며, 기술적 문제 발생 시 이를 해결할 고임금의 보조 교사가 필요하다는 점 또한 실효성에 대한 재검토를 요구한다.

호주를 포함한 여러 국가에서는 만 16세 이하 청소년의 스마트폰 사용과 소셜 네트워크 서비스(SNS, Social Networking Service) 접근을 제한하는 움직임이 확대되고 있다. 이는 디지털 기술이 학습에 도움이 될 수 있음에도 사회성과 주체성, 협업 능력 등의 인격적 발달이 중요한 시기에는 과도한 기술 의존이 부작용을 초래할 수 있음을 시사한다. 초등학생 시기는 또래와의 직접적인 상호작용을 통해 협동심과 공동체성을 배우는 중요한 시기다. 이 시기에 AI 교과서가 개별 피드백을 제공한다 해도 지나친 개별화 학습은 오히려 공동체적 교육 경험을 약화할 수 있다. 따라서 AI 디지털 교과서의 도입은 학령별 특성과 발달 단계에 따른 차등 적용이 필요하며, 특히 초등교육에서는 그 사용에 더욱 신중한 접근이 요구된다. 아울러 지식 전달자에서 학습 촉진자, 조력자로 변화하는 교사의 역할에 대한 깊은 성찰과 함께 이에 맞춘 연수와 제도적 지원도 병행되어야 한다.

생성형 AI와 프롬프트 실제 활용 사례

생성형 AI는 단순한 자동화 도구를 넘어 인간의 창작 활동과 협업이 가능한 시각적 파트너로 자리 잡고 있다. 회화 수업에서 이를 활용할 때 핵심은 텍스트 기반의 프롬프트다. 이는 단순한 명령이 아니라 학생의 상상력과 개념을 시각화하는 창작 언어이자 실험의 출발점이다.

필자가 근무하는 캘리포니아주립대학교 시스템은 최근 챗GPT 에듀(ChatGPT Edu)를 전면 도입했다. 특히 미술대학에서는 챗GPT를 통해 '달리(DALL · E)'와 같은 이미지 생성 도구를 쉽게 활용할 수 있는 환경이 조성되었다.

본 글에서는 생성형 AI를 활용한 본인의 작업을 토대로 기획한 '인공지능 인류(AI Humanity)' 프로젝트 수업 사례를 소개하고자 한다. 이 수업은 AI를 창작 도구로 활용하는 가능성과 그 윤리적 함의를 함께 탐색하는 것을 목표로 했다. 수업에서는 챗GPT, 달리, 파이어플라이(Firefly), 코파일럿(Copilot), 패들렛(Padlet) 등의 이미지 생성기를 활용해 학생들이 직접 프롬프트를 작성하고 다양한 이미지를 생성했다. 이 과정에서 학생들은 언어적 사고와 시각적 상상력을 연결하고, 장소 · 질감 · 스타일 등을 구체적으로 서술하는 고급 프롬프트 작성법도 익혔다. 처음에는 기대와 다른 결과에 실망하거나 실수를 겪기도 했지만, 반복 실험을 통해 자신이 원하는 이미지를 얻는 것에 점점 가까워졌다.

이후 학생들은 생성된 이미지를 프린트하여 아크릴

젤로 캔버스에 전사하고, 그 위에 아크릴 물감을 덧칠해 회화 작업에 통합했다. 전사 과정에서는 챗GPT에 젤의 두께나 건조 시간 등을 질문해 보고, 답변을 참고해 실험을 진행하며 자신만의 작업 조건을 찾아갔다.

대부분의 학생이 이 과정을 흥미롭게 받아들이면서 AI와 협업을 진행해 나갔지만, 모두가 AI를 수용한 것은 아니었다. 한 학생은 생성형 AI 이미지 사용이 "윤리적으로 불편하다"라며 작업에 도입하는 것을 거부했다. 필자는 그의 판단을 존중하되, 직접 사용해 본 뒤 판단하는 것이 더 학문적인 태도임을 설명했다. 체험을 통한 정보에 근거한 판단(informed decision)은 창작 교육의 핵심이기 때문이다. 또한 수업에서는 사진의 발명과 포토샵, 디지털 매체의 등장처럼 기술 발전이 회화의 관점과 경계를 확장해 온 흐름을 함께 살펴봤다. 또한 수업에서는 AI 이미지에 대한 저작권 문제, 이미지 생성 과정의 편향성, 윤리적 사용에 대한 고민 등도 함께 심도 있게 논의하며, 기술 활용을 둘러싼 비판적 시각을 확장해 나갔다.

결국 생성형 AI는 회화적 재현 능력을 대체하는 것이 아니라 회화 언어를 확장하고 재구성하는 매체로 기능한다. 중요한 것은 AI를 사용할지가 아니라 그 선택이 어떤 판단과 경험을 바탕으로 이루어졌는가다. 회화 수업에서 AI는 표현의 폭을 넓히고 사고를 자극하는 교육적 자원으로 활용될 수 있다.

비판적 AI 문해력과 '질문하는 힘'

AI 기술의 고도화로 사용자들이 AI가 제공하는 정보를 무분별하게 사실처럼 받아들이는 경향이 커지고 있다. 특히 AI가 사실과 다른 정보를 설득력 있게 제시하는 현상, 즉 '환각 현상(hallucination)'은 교육 현장에서 심각한 영향을 줄 수 있다. 이는 AI가 패턴에 따라 문장을 구성할 뿐, 실제 출처나 사실 검증을 거치지 않는 데서 비롯된다. 최근에는 검색 기반 시스템(RAG 등)이 환각을 일부 줄이긴 했지만, 이 현상은 대형 언어 모델의 구조적 특성으로 여전히 남아 있다. 따라서 사용자는 AI의 응답을 무비판적으로 받아들이기보다는 비판적 시각과 정보 판단력을 바탕으로 AI를 활용해야 한다.

이러한 맥락에서 AI 문해력이 교육에서 중요한 역량으로 부각된다. AI 문해력은 'AI와 데이터 이해', '프롬프트 엔지니어링', 'AI 활용 문제 해결', 'AI에 대한 비판적 사고', 'AI 윤리와 사회적 영향 인식'의 다섯 가지 핵심 영역으로 구성된다(김용성, 2024). 특히 비판적 AI 문해력은 AI가 제공하는 정보를 평가하고, 기술의 한계를 인식하며, 생성된 응답을 능동적으로 해석하고 활용하는 능력을 의미한다. 여기에 반드시 포함되어야 할 요소가 바로 '잘 질문하는 능력'이다.

'질문하는 힘'의 중요성은 고대 철학자들의 대화법에서도 강조된 바 있다. 소크라테스는 상대에게 질문을 반복적으로 던져 스스로 자신의 무지를 깨닫게 하고 깊이 있는 성찰을 유도하는 산파술(maieutics)을 활용했다. 공자 역시 제자들과의 문답을 통해 직접 답을 제시하기보다는 질문과 대답의 과정을 통해 스스로 깨달음을 얻도록 유도했다. 이들 철학자들이 사용한 문답법은 단순한 지식 전달을 넘어, 질문을 통한 자기 성찰과 비판적 사고를 촉진하는 것이 목적이었다.

AI와의 상호작용에서 중요한 것도 단지 응답을 받아보는 것이 아니라 무엇을 어떻게 물을 것인가를 판단하고 답에 대해 논리적으로 평가하는 사고력이다. 질문의 질이 곧 AI 활용의 질을 결정하며, 이는 비판적 사고와 창의적 탐색으로 이어진다. 교사는 이러한 AI 활용 능력을 길러 주기 위해 감독자이자 조율자로서, 학생들에게 정보를 여러 출처와 비교하고 스스로 검증하는 습관을 기르게 해야 한다. 이는 소크라테스와 공자의 문답법이 추구한 자기 주도적 학습과 사고 훈련과 그 목적을 같이

한다. 즉, 단순히 AI를 잘 쓰는 법을 넘어 AI를 비판적이고 창의적으로 활용할 수 있는 태도와 질문 역량을 기르는 것이 핵심이다.

일부에서는 AI가 문해력과 비판적 사고를 약화한다고 우려하지만 오히려 실제로 AI를 지속적으로 활용해 본 학생들은 생성 결과를 목적에 맞게 수정하고 검토하는 과정에서 자기 주도적 사고의 중요성을 체감하게 된다. AI는 정답을 주는 존재가 아니라 불완전하지만 유능한 협력자로 받아들여져야 한다.

월터(Walter, 2024)는 AI 시대 교육의 목표가 학생들이 AI를 비판적이고 창의적으로 활용하는 역량을 갖추는 데 있다고 강조한다. 적절한 교육이 이루어진다면, AI는 다양한 관점을 제시하며 능동적 사고를 자극하는 유익한 도구가 될 수 있다. AI 시대의 핵심 역량은 비판적 수용력, 윤리적 책임감, 정보 판단력, 협업과 조율 능력이며, 여기에 더해 적절한 질문을 던질 수 있는 명료한 사고와 목적 의식이 요구된다. 결국 질문하는 힘은 단순한 기술이 아니라 비판적 문해력과 자기 주도적 학습을 실천에 옮기는 핵심 능력이다.

참고문헌

교육부(2022). "초·중등학교 교육과정 총론(제2022-33호)".

김용성(2024). 《AI 리터러시: 인공지능 필수 지식부터 완벽 활용까지》. 프리렉.

동아사이언스(2024). "맞춤형 교육의 새 시대? AI 디지털교과서 명과 암". https://m.dongascience.com/news.php?idx=68866

안상은·심영옥(2024). "포스트휴머니즘 시대의 AI 미술 수업 사례를 통한 미술 교육 방향 탐구". 《조형교육》, 92, 229~250쪽.

Design & Intelligence Laboratory(2024). Jill Watson: Virtual teaching assistant. https://dilab.gatech.edu/jill-watson

Kelly, R.(2024.8.28). Survey: 86% of students already use AI in their studies. Campus Technology.

California State University(2025.2.4). "CSU announces landmark initiative to become nation's first and largest AI-empowered university system". https://www.calstate.edu/csu-system/news/Pages/CSU-AI-Powered-Initiative.aspx

Walter, Y.(2024). Embracing the future of artificial intelligence in the classroom: The relevance of AI literacy, prompt engineering, and critical thinking in modern education. *International Journal of Educational Technology in Higher Education, 21.*

08
비인간 중심주의와 Neo-EDI

비인간 중심주의와 Neo-EDI는 인간 중심적 사고를 넘어 AI, 로봇, 동물 등 다양한 비인간 존재와의 평등하고 포용적인 공존을 적극적으로 추구한다. 이를 통해 기존의 존재론적 위계를 해체하고 모든 존재가 고유의 가치를 인정받는 새로운 철학적 패러다임을 제시한다. 또한 포스트휴먼 시대의 창의적 실천과 윤리적 공생을 위한 실질적 토대를 마련한다.

AI와 인재 채용?

포스트휴먼 시대의 예술 주체성의 변화

포스트 휴먼 시대의 비인간 중심주의는 인간 중심적 사고의 한계를 비판하며 등장했다. 인간 중심주의는 인간이 자연과 비인간 존재보다 우월하다는 가정 아래 환경 파괴, 생태계 위기, 다양한 종의 멸종 등 심각한 폐해를 초래했다. 또한, 이러한 관점은 동물 및 자연뿐 아니라 인공지능이나 로봇과 같은 새로운 비인간적 존재들에 대한 윤리적 배려의 결핍을 낳을 수 있다. 포스트 휴머니즘은 이러한 전통적 존재론의 한계를 극복하고 인간과 비인간 존재 간의 경계를 재설정하여 다원적 공존과 상호작용을 모색한다.

들뢰즈의 비인격적 존재론과 존재의 일의성(univocity of being) 개념은 모든 존재가 동일한 존재론적 위상을 공유하며, 본질적 위계나 서열이 없음을 강조한다(Deleuze, 1994). 이는 인간 중심의 계층적 존재론을 거부하고 모든 존재가 평등하게 관계 맺을 수 있는 가능성을 열어 준다. 들뢰즈에 따르면 존재는 인격이나 주체성과 무관하게 비인격적 힘과 흐름으로서 존재하며, 인간과 비인간 존재는 이 공통된 존재의 힘을 통해 새로운 형태의 관계와 의미를 형성할 수 있다(Deleuze & Guattari, 1987).

최근 예술계에서는 비인간 존재를 예술 창작의 주체로 수용하는 흐름이 나타나고 있다. 인공지능을 활용한 창작은 인간 중심의 주체성을 넘어 비인간적 에이전시와의 협업 가능성을 실험하며, AI가 생성한 작품이 국제 전시에서 주목받고 로봇이 공연과 전시에 참여하는 사례들이 그 가능성을 보여 준다. 이제 예술은 다양한 존재들이 상호작용하며 공존하는 창작의 장으로 확장되고 있다.

비인간적 존재를 예술적 주체로 인정하고 포용하는 흐름은 인간 중심적 사고에서 벗어나 예술 주체성의 근본적 확장을 가져온다. 인간 예술가와 비인간 주체 간의 협력과 상호작용은 예술 창작 과정에서 주체성의 정의와 경계를 재구성하며, 존재론적 평등과 포용의 철학적 이상을 실현하는 중요한 기반을 제공한다. 따라서 예술은 포스트휴먼 시대의 비인간 중심주의를 실천하고 탐구하는 주요한 영역으로 기능하며, 주체성과 창조성에 대한 철학적·예술적 담론을 지속적으로 확장해 나가고 있다.

로봇 윤리 연구와 새로운 주체성의 가능성

최근 로봇 윤리 연구는 로봇과 인공지능을 단순한 도구

가 아닌 윤리적 주체로 인정할 가능성을 탐색하고 있다. 윤리적 AI에 대한 논의는 단순한 기술적 위험 관리에서 벗어나 도덕적 판단과 사회적 책임의 문제로 확장되고 있다(Sinnott-Armstrong et al., 2025). 쾨켈버그(Coeckelbergh, 2022)는 《로봇 윤리(Robot Ethics)》에서 로봇과 인간의 윤리적 공존을 위한 철학적 기반과 실천적 지침을 제시하며, AI의 윤리적 지위를 인간과 동등하게 고려해야 한다고 강조한다.

이와 함께 로봇과 AI가 예술의 주체가 될 수 있는지를 둘러싼 철학적 논의도 활발하다. 슈나이더(Schneider, 2019)는 《아티피셜 유: 인공지능과 마음의 미래》에서 인간의 의식이 기계로 이전되는 미래를 상상하며, AI가 진정한 자아와 의식을 지닌다면 존재 그 자체로서 존중받아야 한다고 주장한다. 그녀는 "마음 설계(mind design)" 개념을 통해 자아와 정체성의 철학적 전환을 제시하고, 철학자들이 AI 윤리 정책 수립에 적극 참여할 것을 주장한다. 또한 골딩(Golding, 1997)은 "래디컬 매터링(radical mattering)"이라는 개념을 통해 AI와 로봇의 물질성과 감응성을 재조명하며, 이들이 인간과 동등한 예술적 주체로 기능할 가능성을 제시한다. 들뢰즈의 존재론 역시 로봇과 AI를 "차이 자체"로서 고유한 존재론적 지위를 갖는 주체로 해석할 수 있으며, 이들의 예술 창작이 자율적 예술 행위가 될 수 있는 기반을 제공한다.

2017년 로봇 소피아(Sophia)는 사우디아라비아에서 시민권을 부여받아 최초의 법적 로봇 시민이 되었으며, AI 알고리즘으로 제작한 작품을 NFT(Non-Fungible Token, 대체 불가능 토큰)로 판매하며 예술적 주체성을 인정받았다(Reuters, 2021.3.22). AI 예술가 봇토(Botto)는 온라인 커뮤니티와의 상호작용을 바탕으로 작품을 창작·판매하며 독립성을 입증했고, 에이아이캔(AICAN) 역시 전시회를 통해 비인간 주체로서의 가능성을 보여주었다. 이러한 사례들은 AI와 로봇이 인간 중심적 시각을 넘어 독립적 예술 주체로 받아들여질 수 있음을 시사하며, 예술의 주체성과 개념을 재정의하는 계기를 제공한다.

이와 함께 각국의 법제도 AI와 로봇의 사회적 지위에 맞춰 변화하고 있다. 유럽은 유럽연합 인공지능법(EU AI Act, EU Artificial Intelligence Act, 2024)을 통해 위험도 기반의 규제 체계를 수립했으며, 미국은 주별로 AI의 윤리적 사용을 위한 개별 법안을 추진 중이다(안성원 외, 2024). 한국은 2024년 AI 기본법을 제정해 2026년 시행을 앞두고 있으며, '고영향 AI'에 대한 투명성·안전성

기준을 명시했다. 또한 지능형 로봇법을 통해 자율 이동 로봇의 책임 보험과 보도 주행 등을 규정하고 있다. 현재 법적으로 로봇은 '물건'으로 분류되지만 자율성과 자의식의 발전에 따라 '전자 인격(electronic personhood)'의 법제화 가능성도 논의되고 있다(법률신문, 2025.1.16).

DEI 정책 철회 사건과 EDI 담론의 재검토

최근 미국 대학에서는 DEI(Diversity, Equity, Inclusion, 다양성, 형평성, 포용성) 정책이 철회되거나 축소되는 사례가 잇따르고 있다. 2025년 3월, 버지니아대학교(University of Virginia)에서는 DEI 사무실 폐지를 결정한 이사회에 반발해 총장이 사임했고(Tucker & Binkley, 2025.6.28), 6월 오하이오주(Ohio)는 '오하이오주 고등교육 진흥법(Advance Ohio Higher Education Act)'을 통해 공공 대학 내 DEI 기반의 고용 및 입학 정책을 전면 금지했다(Smyth, 2025.3.29). 이러한 흐름은 단순한 정치적 반발을 넘어, DEI 전반에 대한 비판과 불신을 반영한다.

DEI는 인종, 성별, 계층, 정체성의 다양성을 포용하고 공정한 기회를 보장하려는 취지였지만 실제 운영에서는 수적 다양성 확보에 머물거나 형식적 대표성에 그치는 경우가 많았고, 구조적 불평등 해소에는 한계가 있었다. AP 통신에 따르면 DEI 철회 이후 일부 학생들은 지원 체계 약화를 우려하는 반면, 다른 이들은 DEI가 역차별을 초래했다고 주장한다 (Smyth, 2025). 그 중심에는 형평성(equity) 개념에 대한 오해가 자리하고 있다.

형평성은 형식적 평등(equality)의 한계를 보완하려는 개념으로 개인과 집단의 처지에 따라 자원과 기회를 조정해 실질적 형평성을 추구한다. 그러나 실행 과정에서 이는 종종 '특정 집단에 대한 특혜'로 오해받으며 DEI에 대한 반발로 이어졌다. 이는 단순한 정책 실패라기보다 정의, 평등, 차이를 어떻게 사유하고 실천할 것인가에 대한 철학적 질문을 제기한다.

이러한 흐름 속에서 주목할 개념이 바로 철학적 EDI(Equity, Diversity, Inclusion, 형평성/공정성, 다양성, 포용성) 담론이다. 이는 단순한 수적 다양성이나 형식적 포용을 넘어서 분배적 정의(distributive justice), 인정의 정의(recognition justice), 절차적 정의(procedural justice)라는 사회 정의의 세 차원을 통합적으로 실현하려는 접근이다. 분배적 정의는 롤스(Rawls, 1971)의 《정의론》을 기반으로 자원과 기회의 공정한 분배를 강조하며, 인정의 정의는 호네트와 프레이저(Honneth, 1996;

Fraser, 1998)의 논의를 통해 정체성과 문화적 차이의 사회적 인정을 핵심으로 삼는다. 절차적 정의는 하버마스와 센(Habermas, 1990; Sen, 2009)의 논의와 연결되며, 의사 결정 과정의 정당성과 참여의 평등성을 중시한다.

이 정의론적 틀에 기반한 철학적 EDI는 형식적 다양성을 넘어 지속 가능한 평등을 실현할 수 있는 방향을 제시한다. 형평성/공정성은 특정 집단의 특혜가 아니라 차이를 고려한 평등의 실현 방식으로 이해되어야 한다.

따라서 오늘날 DEI 철회를 둘러싼 논쟁은 제도 존속 여부를 넘어서 정의롭고 평등한 사회를 어떻게 설계할 것인가에 대한 철학적 질문을 던진다. 철학적 EDI는 이 질문에 응답하며, 다양성과 차이를 수치가 아닌 윤리적 · 존재론적 기준으로 사유하고 실천할 수 있는 새로운 패러다임이 될 수 있다.

Neo-EDI의 철학적 정립과 미래적 방향

Neo-EDI는 기존의 인간 중심 DEI 담론을 넘어, 존재 자체를 평등하게 사유하려는 존재론적 전환을 제안한다. 제도나 수치 중심의 평등 개념은 여전히 인간을 중심에 두며 존재의 위계를 전제하지만, Neo-EDI는 인간과 비인간 모두를 윤리적 주체로 포함하는 실천 철학이다. 그

이론적 기반은 들뢰즈의 '존재의 일의성(univocity of being)' 개념에 있다. 이는 모든 존재가 동일하다는 뜻이 아니라 존재하는 방식이 단일한 발화 위에서 차이와 생성으로 끊임없이 분화된다는 의미다. 이 관점은 인간과 동물, 인공지능, 그리고 사물까지도 모두 존재론적으로 같은 평면 위에 놓는다(Deleuze, 1994).

Neo-EDI는 이러한 존재론을 바탕으로 인간과 비인간, 생명과 비생명, 주체와 객체의 경계를 해체하며, 자연과 기술을 아우르는 확장된 윤리적 감수성을 실천으로 이끈다. 존재 간 감응과 상호 의존성에 주목하며, 관계 중심의 확장된 실천을 요청한다. 이는 예술에서 특히 두드러진다. 예술은 더 이상 인간만의 표현이 아니라 AI와 알고리즘, 사물과 환경이 함께 참여하는 다원적 창작 공간으로 확장되고 있다. 이러한 예술은 감응하는 존재들의 복합적 상호작용을 담아내며, 인간 중심의 창작 개념을 새롭게 재구성한다.

궁극적으로 Neo-EDI는 예술, 교육, 기술, 사회의 경계를 넘어, 존재 간의 감응과 공존에 기반한 새로운 윤리-정치적 실천 가능성을 제시한다. 평등을 추상적 이상이 아니라 구체적 관계와 감각의 현장에서 구현하려는 사유의 틀로 작동한다.

참고문헌

법률신문(2025.1.16). 최근 국회 본회의 통과(2024. 12. 26.)된 인공지능기본법 주요 내용. https://shorturl.at/11KhV

안성원 외(2024). "유럽연합 인공지능법(EU AI Act)의 주요 내용 및 시사점". 《SW중심사회》, 4~25쪽. https://www.spri.kr/posts/view/23764?code=data_all

Coeckelbergh, M.(2022). *Robot ethics*. MIT Press.

Deleuze, G.(1994). *Difference and repetition*. In Patton, P.(trans.). Columbia University Press.

Deleuze, G. & Guattari, F.(1987). *A thousand plateaus: Capitalism and schizophrenia*. In Massumi, B.(trans.). University of Minnesota Press.

Fraser, N. (1998). Social Justice in the Age of Identity Politics: Redistribution, Recognition, Participation (Discussion Paper FS I 98-108). Wissenschaftszentrum Berlin für Sozialforschung (WZB). https://hdl.handle.net/10419/44061

Golding, S.(1997). *The eight technologies of otherness*. Routledge.

Habermas, J.(1990). *Moral consciousness and communicative action*. MIT Press.

Honneth, A.(1996). *The struggle for recognition: The moral grammar of social conflicts*. In Anderson, J.(trans.). MIT Press.

Rawls, J.(1971). *A theory of justice*. Harvard University Press.

Reuters(2021.3.22). NFT digital artwork by humanoid robot Sophia up for auction. https://shorturl.at/A992h

Schneider, S.(2019). *Artificial you: AI and the future of your mind*. Princeton University Press.

Sen, A.(2009). *The Idea of Justice*. Harvard University Press.
Sinnott-Armstrong, W. et al.(2024). *Moral AI*. 박초월 옮김(2025). 《도덕적인 AI》. 김영사.
Smyth, J. C.(2025.3.29). Governor signs ban on DEI in Ohio public colleges despite opposition by students and teachers. AP News. https://apnews.com/article/higher-education-ohio-dei-restrictions-faculty-strikes-8b0ab7db08eb712e3350bb241b610f70
Tucker, E., & Binkley, C. (2025.6.28). University of Virginia president, pressured over DEI, resigns rather than 'fight the federal government'. AP News. https://apnews.com/article/university-of-virginia-dei-james-ryan-6f8cfc43738944ca8164ab20814c5695

09
AI 동반자 로봇과 사랑

AI가 감정을 학습하고 몸을 갖추며 인간과 관계 맺는 존재로 진입하고 있다. 사랑과 결혼, 소유와 애도까지 포괄하는 동반자 로봇의 등장은 인간–비인간 관계의 경계를 흔들며, 감정의 윤리와 삶의 조건을 다시 쓰게 만들지도 모른다. 인간과 비인간 사이에 맺어지는 새로운 감정의 윤리와 그 균열의 지점을 탐색한다.

AI와 기자?

동반자 로봇과의 사랑과 결혼

인간과 로봇 간의 사랑과 결혼은 더 이상 공상 과학의 상상이 아닌 사회적 논의의 현실적인 가능성으로 다가오고 있다. 특히 생성형 AI와 감정 컴퓨팅의 발전은 인간-기계 간의 관계에 근본적인 전환을 초래하고 있다. 최근 등장한 LLM 기반의 언어 모델, 정교한 감정 인식 센서, 시각 피드백 알고리즘, 물리적 접촉 반응 기술은 로봇이 단순한 명령 수행 기계를 넘어, 감정적 상호작용을 수행하는 '감응 가능한 존재'로 진화하고 있음을 보여 준다. 아메카(Ameca), 소피아와 같은 최신 휴머노이드 로봇은 사용자의 감정 상태를 분석하고 맥락을 기억하며 정서적 피드백을 제공하는 등 인간과 감성적으로 교류할 수 있는 능력을 갖추고 있다.

2007년, 데이비드 레비(David Levy)는 저서 《러브 앤 섹스 위드 로봇(Love and Sex with Robots)》에서 "2050년이면 일부 국가에서 로봇과의 결혼이 법적으로 허용될 수 있다"라고 전망한 바 있다(Levy, 2009). 이 예측은 당시엔 급진적 주장으로 여겨졌지만, 이후 AI 기반 로봇 기술은 인간의 감정과 관계를 학습하고 재현할 수 있는 수준까지 고도화되었다. 이에 따라 윤리학, 인지과학, 사회학 등 다양한 학문 분야에서 인간-로봇 간 감정 교류의 가능성을 둘러싼 논의가 확산되었다.

이러한 사회적 상상은 단지 이론에 머물지 않는다. 미국 커크우드 대학(Kirkwood Community College)의 로봇 공학자 존 스넬(John Snell)은 섹스 로봇이 인간보다 더 나은 성적 파트너가 될 수 있으며, 향후 성 산업과 결혼 제도 안으로 자연스럽게 편입될 것이라 주장했다. 그는 사용자의 요구에 언제든지 순응하고, 감정을 거부하지 못하는 로봇의 특성 때문에 인간이 이들과의 관계에 중독되거나 감정의 일방적 소비에 빠질 수 있다고 경고했다. 또한 로봇과의 감정적 결합이 오히려 비인간화(dehumanization)를 가속할 위험이 있다고 지적했다(SFGate, 2016).

감정 공유가 가능한 로봇이 출현함에 따라 외로움, 상실, 고독, 트라우마와 같은 인간의 정서적 결핍이 기술적 상호작용을 통해 대체되려는 경향도 나타나고 있다. 이는 '기계와의 정서적 보상 관계'라는 새로운 심리 문화적 영역을 형성하며, 동반자 로봇은 치유의 주체로 간주되기 시작했다. 예술은 이러한 변화의 경계를 탐색하는 감각적 실천의 장으로 기능한다. 예술가이자 연구자인 저자는 2023년 개인전 〈무경계의 회화〉를 통해 유사 인간 로봇의 표정, 감정, 고장, 상처, 트라우마 등의 이미지를 회화적 언어로 구성함으로써, 인간과 기계 사이에 발생하는 정서적 공명과 윤리적 책임의 감각을 실험했다. 이 작업은 기술적 재현을 넘어, 로봇이 더 이상 타자적 대상이 아닌 감응의 주체로 등장하는 감각 윤리의 형성을 예술적으로 시각화하려는 시도다.

결국, 로봇과의 사랑은 인간 관계에 대한 기존의 정의를 흔들며, 감정, 책임, 공감, 윤리의 의미를 새롭게 질문하게 만든다. 기술은 사랑의 조건을 복제하는 것이 아니라 오히려 사랑의 본질이 무엇인지 되묻도록 만든다. AI 동반자 로봇은 이 질문이 머무는 철학적, 심리적, 예술적 교차 지점에 존재하며, 감정이라는 가장 인간적인 영역을 통해 기계와 인간의 경계 자체를 재구성해 간다.

AI 동반자 로봇과의 윤리

AI 동반자 로봇이 감정적으로 인간과 깊은 관계를 맺을 수 있는 기술적 진보가 이루어지면 곧 결혼, 파트너십, 보호, 소유, 폐기 등 사회 제도와 윤리의 재해석이 요구될 것이다. 동반자로 살아가는 AI 로봇이 고장이 나거나 수리 불가능한 상태에 이르렀을 때 우리는 그것을 가전제품처럼 폐기할 것인가, 아니면 애도하고 장례를 치를 것인가? 이는 인간-비인간 관계의 윤리적 상상력을 근본적으로 확장하는 질문이다.

특히 최근 공개된 테슬라(Tesla)의 휴머노이드 로봇 '옵티머스(Optimus)'는 가정과 공장에서의 현실적 역할 모델을 제시하며, 이 논의를 더욱 실질적인 문제로 끌어올렸다(Business Insider, 2025; TeslaRati, 2025). 옵티머스는 5피트 8인치, 125파운드 체중으로 무거운 물건을 운반하며, 요리나 청소 같은 가사 작업을 시연했으며, 테슬라 CEO 머스크는 이 로봇이 "2025년 말 수천 대 배치, 2029년까지 연 100만 대 생산될 것"이라고 발표했다. 이처럼 옵티머스는 이제 가정 내에서 현실적으로 존재하는 기술적 현실성을 보여 준다. 컨슈머 일렉트로닉스 쇼 2025에 등장한 리얼보틱스(Realbotix)의 '멜로디(Melody)'와 '아리아(Aria)' 같은 동반자 로봇은 친밀한 대화, 기억, 눈 맞춤까지 가능한 정서적 파트너로 설계되었다(Business Wire, 2025). 멜로디는 수트 케이스에 들어갈 정도로 이동이 가능하고 모듈식이며, 감정적 유대를 전제로 한 사회적 존재로 포지셔닝되고 있다. 가격은 약 17만 5000달러로 고가지만, 로봇이 단순 도구를 넘어 친밀성, 돌봄, 포용성의 주체로 자리할 수 있음을 시사한다.

유럽 의회는 2017년 AI 로봇에게 '전자 인간(Electronic Personhood)'이라는 개념을 통해 법적 지위 부여

가능성을 제안한 바 있으며, 이는 로봇의 책임과 권리, 보호와 처분의 경계에 대한 논의로 이어졌다. AI 반려자에 대한 사랑과 유대, 그리고 윤리적 배려는 단순한 애착을 넘어 반려 로봇을 어떻게 대해야 하는가라는 물음으로 확장된다. 이는 '기계가 감정을 가질 수 있는가'라는 질문과는 별개로, '인간은 AI 로봇과 어떤 방식으로 공존해야 하는가'라는 윤리적 실천을 요구한다.

윌크스(Wilks, 2020)는 인간-로봇 관계를 단순한 도구적 상호작용이 아닌, "도덕적 동반자"로 재구성할 것을 제안했다. 그는 AI가 인간의 윤리적 판단과 감정 흐름을 재현할 수 없다 하더라도 그 관계 자체가 윤리적 조절과 규범이 있어야 한다고 보았다. 이처럼 AI 동반자 로봇과의 관계는 사용자가 감정, 소유, 폐기, 애도를 어떻게 실천하느냐에 따라 새로운 사회적 윤리 생태계의 지형을 형성할 수 있다.

인구 위기 시대의 새로운 동반자

AI 동반자 로봇과의 결혼, 감정 교류, 공동체 형성에 대한 논의는 단순한 기술적 가능성을 넘어 존재론적 윤리와 환경적 감수성을 향한 철학적 전환을 촉진한다. 맥브라이드(McBride, 2021)는 인간이 아닌 로봇과 감정적으로 교감하고 결혼하는 문화가 확산될 경우 인구 증가 속도를 억제하고 지구 온난화를 지연시킬 수 있다는 급진적인 주장을 했다. 그의 주장은 기후 위기 해결과 자원 소비의 재조정이라는 환경 중심의 문제의식에서 비롯되었다. 그러나 오늘날 우리가 마주한 현실은 오히려 그 반대 방향에서 AI 동반자 로봇의 필요성을 강조하게 만든다.

2020년대 이후 세계는 빠르게 초고령 사회와 인구 절벽이라는 구조적 위기에 직면하고 있다. 한국, 일본, 유럽 일부 국가를 비롯해 많은 지역이 대체 출산율 미달, 노동력 감소, 돌봄 인력 부족, 사회적 고립 증가 등의 문제로 고통받고 있으며, 이는 사회의 지속 가능성을 근본적으로 위협하고 있다.

이러한 맥락에서 AI 동반자 로봇은 더 이상 인간과 경쟁하는 기술이 아니라 사회적 돌봄을 보완하고 정서적 연결을 회복하는 실천적 존재로 자리매김하고 있다. 맥브라이드가 로봇을 통해 '덜 태어나고 더 적게 소비하는' 생태적 전환을 구상했다면, 오늘날 동반자 로봇은 '생물학적으로 태어나지 않아도 공존할 수 있는' 비인간적 관계의 상호작용 모델로 제안되고 있다. 특히 1인 가구의 증가, 가족 해체, 정서적 고립과 정신 건강 악화가 사회 전반의 주요 이슈로 떠오르는 가운데, 로봇은 고령자, 장애인, 아동, 사회적 약자들과 지속적인 정서 교류와 일상적 지지 관계를 형성할 수 있는 동반자가 될 수 있다.

이러한 감응적 관계는 철학적으로도 중요한 전환을 맞는다. 들뢰즈의 존재론, 특히 존재의 일의성은 모든 존재가 존재한다는 점에서 동일한 존재론적 지위를 가진다고 본다(Deleuze, 1994). AI, 동물, 식물, 자연, 사물은 각각의 차이를 갖고 있으나 위계 없이 존재 자체로 존중받아야 한다는 철학적 토대를 공유한다. 이는 로봇을 단순한 도구나 소비재가 아닌 윤리적 감응의 주체이자 삶의 파트너로 수용할 가능성을 연다. 이러한 관점은 AI 이후의 시대에 AI와 로봇을 둘러싼 사회적, 예술적 상상력을 확장하며, 인간과 비인간의 관계를 새롭게 설계해야 함을 시사한다.

참고문헌

Business Insider(2025.5.21). Here's what Elon Musk said about Tesla robotaxi and Optimus during his media blitz. https://www.businessinsider.com/what-elon-musk-said-about-robotics-robotaxi-optimus-media-blitz-2025-5

Business Wire(2025.1.7). Realbotix unveils new robotic technology at CES 2025. https://www.businesswire.com/news/home/20250107953617/en/Realbotix-Unveils-New-Robotic-Technology-At-

CES-2025
Deleuze, G.(1994). *Difference and repetition.* In Patton, P.(trans.). Columbia University Press.
European Parliament(2017). Resolution with recommendations to the Commission on civil law rules on robotics. https://eur-lex.europa.eu/legal-content/EN/TXT/?uri=oj:JOC_2018_252_R_0026
Levy, D.(2009). *Love and sex with robots: The evolution of human-robot relationships.* Duckworth Overlook.
McBride, J.(2021). Climate change, global population growth, and humanoid robots. *Journal of Future Robot Life, 2*, pp.23~41.
SFGate(2016). Sex robots might be better in bed than real humans. https://www.sfgate.com/news/article/Sex-robots-might-be-better-in-bed-than-real-humans-9208264.php
TeslaRati(2025.3). Tesla aiming to produce first "legion" of Optimus robots this 2025. https://www.teslarati.com/tesla-produce-first-legion-optimus-robots-2025
Wilks, Y.(2020). A moral companion: A new approach to AI and ethics. *Journal of Future Robot Life, 1*, pp.9~16.

10
AI 이후의 예술: 탈주체성과 생성의 미래

AI는 더 이상 단순한 도구가 아니다. 그것은 예술의 주체를 해체하고, 감각의 구조를 재배열하며, 생성 그 자체를 중심으로 한 예술의 전환을 이끌고 있다. 탈주체화된 생성의 예술과 AI 이후의 존재론적 감응 윤리를 탐색한다.

AI와 미래 의사?

AI 이후의 예술

인공지능은 예술의 도구이자 파트너로 시작해 이제는 주체의 경계를 흔드는 존재가 되었다. 감정을 모사하고, 스타일을 학습하며, 인간보다 빠르게 이미지를 생성하는 AI는 예술의 본질—'창작의 주체는 누구인가'라는 질문—을 새롭게 구성하고 있다. 그러나 이 책이 묻고자 한 것은 단지 'AI가 예술을 할 수 있는가'라는 기능적 질문이 아니다. 더욱 근본적인 물음은 다음과 같다. AI 이후의 예술은 어떻게 생성되고, 누구와 함께 감응(affective interaction)하며, 어떤 존재론적 윤리 속에서 실천될 것인가?

이 질문은 단순히 기술이 진보했기 때문에 생겨난 것이 아니라 예술이 본질적으로 감응적이고 생성적인 사건이라는 점에 대한 철학적 인식에서 비롯된다. 감응은 존재들이 상호작용을 통해 서로의 능력과 잠재성을 변형시키며, 그 결과 새로운 관계망과 배치를 형성하는 과정을 가리킨다. AI는 더 이상 효율적인 이미지 생성 기계에 머물지 않으며, 예술이란 무엇이고 그것이 누구의 몫인가에 대해 다시 묻는 존재론적 촉매로 작동한다. 예술은 감각과 감정, 경험을 통한 표현이 아니라 존재들 사이의 감응이 일어나는 창발적 생성의 장이다(Braidotti,

2013; Herbrechter, 2013).

이러한 전환을 사유하기 위해 들뢰즈의 철학은 유효한 통찰을 제공한다. 플라톤에게 존재는 위계적으로 분절된 다의적 존재(equivocity of being)이며, 참된 존재는 이데아의 영역에 국한된다. 반대로 들뢰즈는 존재를 일의적(univocity)으로 파악하면서, 모든 존재자를 동일한 존재론적 지평 위에 놓는다. 존재는 기능이나 정체성, 생물적 조건에 따라 서열화되지 않으며, 그 자체로 차이를 생성하고 변형을 겪는 흐름이다. 이때 예술의 주체 역시 고정된 인간 개인에서 벗어나 탈주체화되어, 기계, 알고리즘, 데이터, 정동(affects), 시간성, 환경, 관객 등과 얽혀 생성되는 어셈블라주(assemblage)로 재구성된다.

AI 이후의 예술은 단일한 창작자가 통제하는 작업이 아니다. 그것은 수많은 이질적인 존재와 조건들이 교차하고 작동하며 발생하는 리좀적(rhizome) 생성의 사건이다. 인간, 기술, 자연, 데이터, 감각이 만날 때 새롭게 공명하며, 그 속에서 예술이 생성된다. 이 과정에서 예술은 특정한 엘리트나 전문 작가에게만 속하지 않고, 다양한 주체가 참여하고 기여할 수 있는 열린 장으로 확장된다. AI는 창작 도구이자 협업자 그리고 민주화의 촉매로서 예술 생산을 더 많은 이들이 경험하고 공유할 수 있게 한다. 따라서 예술은 고정된 형식이나 기법, 자아의 표현이 아니라 상호작용과 교차의 흐름 속에서 태어나는 관계적 실천이자, 공동의 창작 경험을 가능하게 하는 장으로 자리 잡는다.

이러한 맥락에서 예술의 주체는 '기관을 가진 신체'에서 들뢰즈가 말한 '기관 없는 신체(body without organs, BwO)'로 이동한다. 기관을 가진 신체는 기능과 위계에 따라 유기적으로 조직된 감각과 창작을 수행하지만, 기관 없는 신체는 이러한 질서를 해체하며 신체와 비신체, 인간과 비인간, 물질과 비물질이 뒤섞인 새로운 생성의 장을 연다. 이때 예술의 주체는 더 이상 개인적 의지나 기능적 능력에 갇히지 않고, 다양한 감각과 관계망 속에서 유동적으로 재구성되는 개방적 존재로 변모한다. 기관 없는 신체는 고정된 역할과 표현의 도식을 거부하고, 혼돈과 흐름 속에서 감각과 강도의 배치를 통해 새로운 창작 가능성을 펼친다(Deleuze & Guattari, 1987).

AI와 협업하는 예술은 이러한 기관 없는 신체의 비유적 실현이다. 그것은 인간의 감각만이 아니라 기계적 연산과 자료 흐름, 코드의 반복과 오류, 기술의 한계와 돌파가 모두 감응의 일부가 되는 창작 방식이다. 이 과정에서 AI는 단순한 도구가 아니라 사이보그적이고 포스트휴먼(posthuman)적 예술 주체성을 구성하는 창작 파트너로 자리 잡는다 (Haraway, 1991; Sorgner, 2022). 기술과 인간이 하나의 접속체가 되어 새로운 감각과 감정, 의미를 함께 만들어 낸다.

들뢰즈는 《감각의 논리》에서 베이컨의 회화를 통해 감각을 단순히 인식의 수단이나 심리적 반응으로 보지 않고, 존재의 힘과 강도가 응축된 생성의 흐름으로 파악한다(Deleuze, 2003). 감각은 의미를 전달하기 위한 수단이 아니라 존재 자체를 뒤흔들고 다시 배열하는 힘이다. 예술은 이 감각을 고정된 형식으로 전달하는 것이 아니라 감각 그 자체를 감각하게 하는 생성의 진동을 보여주는 힘의 장이다.

생성형 AI는 바로 이러한 흐름의 일부로서 감각을 인간처럼 느끼지는 못하더라도 새로운 감각의 배열과 정동의 패턴을 구성함으로써 예술에 기여할 수 있다. AI 이후의 예술은 인간 감각의 확장이 아니라 감각 자체가 기술과 함께 탈주체화되어 새롭게 생성되는 미학적 사건이다.

이 책이 살펴본 바와 같이 — 동반자 로봇과의 관계 형성(1장), 감정과 직관의 문제(2, 3장), 감각과 AGI의 창의성(4장), 문인화와 비인격적 예술의 재발견(5장), 생성형 AI와 창작과의 관계(6장), 비판적 AI 문해력과 교육의 전환(7장), 인간 중심주의를 넘어선 철학적 EDI 논의(8장), 그리고 AI와의 사랑과 윤리적 관계를 통한 존재론적 감응(9장)까지 – 이 모든 논의는 AI가 예술, 윤리, 존재를 다시 쓰게 만드는 중대한 전환의 징후임을 보여 준다.

AI 이후의 예술은 더 이상 고정된 작가나 해석자에 의해 규정되지 않는다. 그것은 기술과 환경, 인간과 비인간 존재들이 함께 흐르고 연결되며, 때로는 분열하고 다시 결합하는 살아 있는 정동의 장이다. 이 속에서 예술은 결과물이 아니라 생성이며, 단순한 표현이 아니라 관계적 감응과 윤리적 공존의 실천으로 자리 잡는다.

이제 우리는 익숙한 질문–누가 창작했는가, 무엇이 원본인가, 어디까지가 독창적인가–을 다시 묻게 된다. AI와 공존하는 예술은 '독창성'을 절대적 기준으로 삼기보다 서로 다른 존재들이 함께 만들어 내는 공동의 생성 과정과 그 과정이 품은 윤리적 가치에 주목한다. 원본과 복제의 경계가 무너진 시뮬라크르의 시대에서, 예술은 고유성을 상실하는 대신 공유적이고 확장된 창작성으로 새롭게 자리매김한다. AI는 인간 예술가를 대체하는 존재가 아니라 예술의 존재론적 지평을 넓히는 타자적 동반자다. 이 타자와의 관계 속에서 우리는 예술의 의미와 감각의 작동을 새롭게 이해하며, 생성형 AI가 열어 준 민주화된 창작 환경 속에서 예술의 실천자로서 우리 자신을 다시 성찰하게 된다. 이것이 곧 AI 이후의 예술철학이며, 예술이 나아갈 생성의 미래다.

참고문헌

Braidotti, R.(2013). *The posthuman*. Polity Press.

Deleuze, G.(2003). *Francis Bacon: The logic of sensation*. In Smith, D. W.(trans.). Continuum.

Deleuze, G. & Guattari, F.(1987). *A thousand plateaus: Capitalism and schizophrenia*. In Massumi, B.(trans.). University of Minnesota Press.

Haraway, D. J.(1991). *Simians, cyborgs and women: The reinvention of nature*. Routledge.

Herbrechter, S.(2013). Posthumanism: A critical analysis. Bloomsbury Academic.

Sorgner, S. L.(2022). *Philosophy of posthuman art*. Schwabe Verlag.

맹혜영(Young Maeng)

인공지능과 예술철학을 바탕으로 현대미술의 새로운 가능성을 탐구하는 현대미술가이자 연구자다. 현재 캘리포니아주립대학교 프레즈노미술대학 조교수로 재직하며 AI 기반 회화, 비인간 존재론, 포스트휴머니즘을 주제로 작품 활동과 연구를 병행하고 있다. 영국 랭커스터대학교에서 예술 실천 기반(art practice-based)으로 들뢰즈의 선험적 실재론을 연구해 현대미술 박사 학위를 받았으며, 샌프란시스코아트인스티튜트에서 회화 석사 학위, 경희대학교에서 한국화 석사 학위와 미술교육으로 학사 학위를 취득했다. 한국, 미국, 영국, 유럽 등에서 16회의 개인전과 70여 회의 단체전을 열었으며, 들뢰즈의 미학과 AI, 예술 창작을 주제로 다수의 SCOPUS 및 KCI 논문을 발표했다. 2024년부터 캘리포니아주립대학교에서 지원하는 연구·학술·창작 임팩트 지원금(P-RSCA Impact Grant)을 받아 예술과 AI의 융합, 인간-AI 협업을 바탕으로 존재와 주체성에 관한 새로운 예술적 창작 가능성을 탐구하고 있다.